Schirner Verlag

*Über das Buch*

Dies ist ein Buch für jeden, der sich schon einmal Gedanken darüber gemacht hat, wie ein Millionär eigentlich denkt oder wie er selbst einer werden könnte. Hierin finden Sie viele praktische und leicht zu befolgende Übungen, die Schritt für Schritt Ihre Gedanken in eine neue Richtung lenken. Diese Übungen sind Wegweiser zu einem Leben und Denken, das Ihr Leben tiefgreifend verändern kann und zu größerer Lebensfreude führt.

Die Autoren, die beide aus dem Nichts ihren persönlichen Erfolg aufbauten, fordern Sie auf, Ihre größten Träume und Ziele zu ergründen und ihnen Flügel zu verleihen:

*Denn es ist die Kraft unserer Träume, die uns wahren, dauerhaften Erfolg erlangen und Erfüllung finden läßt.*

*Über die Autoren*

MARK FISHER wurde zum Millionär, als er sein Leben, in eine Geschichte verpackt, veröffentlichte *(Der alte Mann und das Geheimnis der Rose)*. Heute schreibt er über die Grundlagen des Erfolgs, die er durch einen Mentor und in der Praxis als Unternehmer im Verlags- und Immobilienwesen erlernte.

MARC ALLEN ist Mitbegründer und Aufsichtsratsvorsitzender eines Verlages, der vor 20 Jahren mit fast keinem Kapital begann und heute einer der Marktführer unter den unabhängigen amerikanischen Verlagen ist.

Mark Fisher & Marc Allen

# Das Arbeitsbuch
# zu
# „Der alte Mann
# und das
# Geheimnis
# der Rose"

Lernen Sie den Erfolg zu denken

Schirner Verlag

ISBN 3-930944-39-1

Übersetzung: Kirsten Glück

Umschlaggestaltung: Friedhelm Meinaß

Herstellung: Druckservice Reyhani, Darmstadt

Printed in Germany

# Inhaltsverzeichnis

## Anmerkung des deutschen Verlags

Um Ihnen die Arbeit mit diesem Buch zu erleichtern, haben wir die Praxisteile, die Sie im Anschluß an die entsprechenden Kapitel finden und deren jeweiliger Inhalt aus dem vorangegangenen Text herausgezogen wurde, in Abänderung des Originalwerks gesondert herausgestellt.

# Mark Fisher zu diesem Buch

Über die Jahre hinweg haben mir begeisterte Leser aus aller Welt viele wunderbare Briefe geschrieben. In den meisten wurde ich nach der Formel befragt, mit der man reich und glücklich wird, wie in „Der alte Mann und das Geheimnis der Rose" beschrieben. Stets habe ich versucht, die Fragen nach bestem Wissen zu beantworten, doch es gelang mir nie, auf alle Briefe so detailliert und durchdacht einzugehen, wie ich es gerne gewollt hätte. Ich habe oft über dieses Problem nachgedacht und sogar in Gedanken versunken über dem Herzen einer Rose der Sorte „Königin Elisabeth" – meiner Lieblingsrose! –, die in meinem Garten wächst, darüber meditiert. Eines Tages kam mir die Lösung: Ich würde einen Brief schreiben, in dem ich versuchen würde, alle diese Fragen zu beantworten, die mir gestellt worden waren.

Dieser Brief nun wuchs und wuchs während der fast drei Jahre, in denen ich versuchte, ihn zu vervollständigen. Er wurde schließlich so umfangreich, daß er den Rahmen für eine einfache Vervielfältigung sprengte. Ich erkannte, daß ich das Manuskript für ein weiteres Buch in der Hand hielt.

Das Ergebnis war aufregend: Zwei Menschen, die es aus eigener Kraft geschafft hatten, zum Millionär zu werden, und das von jeweils völlig unterschiedlichen Hintergründen aus, unternahmen den Versuch, alles, was sie jemals an wertvollem Rat erhalten hatten und was sie davon in die Praxis umgesetzt hatten, in einem einzigen schlüssigen Werk zusammenzufassen. Was dabei herausgekommen ist, übersteigt in jeder Hinsicht meine ursprüngliche Absicht. Mit jedem Zusatz, jeder Überarbeitung wurde es immer stärker, bis es zu etwas wurde, dessen Veröffentlichung mich ehrt und auf das ich stolz bin. Ich hoffe, Sie finden hierin ein nutzbares und praktisches Werkzeug, das Ihnen eine wirkliche Hilfe ist – auf jedem Weg, der für Sie persönlich Erfolg bedeutet.

*Man kann nie damit einverstanden sein zu kriechen,*
*wenn man den Drang spürt, sich in die Lüfte zu schwingen.*

HELEN KELLER

# Einleitung

Erfolg ist eine Einstellung. Erfolg ist eine Gewohnheit. Erfolg ist für alle leicht erreichbar, die ihn wirklich wollen und daran glauben, daß sie ihn haben können, und die ihren Wünschen Taten folgen lassen.

Erfolg ist kein Geheimnis. Viele, die ihn erlangt haben, erzählen bereitwillig ihre Geschichte, berichten von den Jahren, die sie ganz ihrer Arbeit, ihrer Leidenschaft und ihren Träumen widmeten, bevor sie erfolgreich wurden. Das Hauptthema ist in allen Fällen das gleiche: *Diese Menschen lieben ihre Arbeit*. Sie hätten sie ohnehin getan. Ein großes Vermögen – oder zumindest ein gewisser Grad von finanzieller Stabilität und Erfolg – war oft Teil dieses Traumes, aber eigentlich war Wohlstand nur ein Nebenprodukt, das dadurch entstand, daß sie ihrem inneren Drang folgten. Könnten Sie sich vorstellen, daß Steven Spielberg eine Million Dollar pro Tag verdiente, wenn er Kinofilme und merkwürdig aussehende Außerirdische haßte? Was wäre geschehen, wenn Henry Ford nicht der Faszination von Maschinen erlegen wäre? Wenn Donna Karan mit Kleidern nichts anfangen könnte? Wenn wir das tun, was wir lieben, und unser Talent und unsere Begabung damit verbinden, dann leisten wir uns selbst, den Menschen um uns und unserer Umwelt den größtmöglichen Dienst.

Erfolg kann nicht dem Schicksal zugeschrieben werden, sondern der zielgerichteten Anwendung ganz bestimmter Grundsätze. Glück kann dabei eine Rolle spielen, aber allein deshalb, weil Glück nur dort Fuß faßt, wo der Boden für eine entsprechende Gelegenheit bereitet wurde.

Alter, Erziehung, Geld, sozialer Hintergrund und Kindheitserfahrungen spielen bei diesen Grundsätzen keine Rolle. Die Kindheit der reichsten Menschen dieser Welt, die aus eigener Kraft zum Millionär wurden, der erfolgreichsten Künstler und bekanntesten Darsteller war in vielen Fällen ziemlich gewöhnlich, oft arm und manchmal traurig. In der Schule wurden viele als langsame Lerner eingestuft. Doch jeder einzelne von ihnen entschloß sich in einem entscheidenden Augenblick seines Lebens, sein Schicksal in die eigene Hand zu nehmen und, angeregt durch ein Buch, durch die Worte oder das Beispiel eines anderen oder durch eine kraftvolle innere Eingebung, los-zuziehen, die Welt zu erobern.

Vielleicht haben Sie diesen Punkt, der Ihr Leben völlig verändern wird, gerade erreicht. Es spielt keine Rolle, wie alt Sie sind oder wie Ihr Leben sich gestaltet, alles, was Sie zunächst für eine positive Veränderung tun müssen, ist aufmerksam und aufnahmefähig zu sein – und zu glau-ben. Es muß Ihnen bewußt werden, daß es möglich ist, mit nichts anzufangen – wie so viele andere das getan haben – und dennoch Ihre größten Ziele zu erreichen. Wichtig ist nur, daß Sie daran glauben, daß es möglich ist, und sich entschließen, Ihr Leben, so wie Sie es sich wünschen, zu gestalten.

In unserer Konsumgesellschaft, in der unmittelbare Bedürfnisbefriedigung alles ist, sehen wir oft nur das End-ergebnis: den Kinostar, den Millionär, den gefeierten Künst-ler. Das sieht oft so aus, als sei es über Nacht passiert. Was wir nicht sehen, sind die Jahre der Hingabe und geduldigen Beharrlichkeit, die diesem Ergebnis vorangingen. Dustin Hoffmann witzelte, daß er zehn Jahre gebraucht habe, bis der Erfolg über Nacht kam. Und Ray Kroc, der Gründer von McDonald's, schrieb in seiner Autobiographie: „Ich kam zwar über Nacht zu Erfolg, aber dreißig Jahre sind eine verdammt lange Nacht."

Ein sehr wichtiger Aspekt bei erfolgreichen Menschen ist, daß sie alle Fehler gemacht haben, und manchmal sogar viele Fehler. Viele Leute gelangen nicht zu Erfolg, weil sie nach einem oder zwei Rückschlägen aufgeben. In Napoleon Hills Klassiker *Denke nach und werde reich* wird die Geschichte eines Goldsuchers erzählt, der nach vielen Monaten vergeblichen Grabens seine Schürfstelle aufgab – knapp einen Meter vor der Goldader. Das, was er daraus lernte, wandte er zukünftig auf alles in seinem Leben an und wurde schließlich sehr erfolgreich.

Je näher wir der Jahrtausendwende rücken, desto stärker verändert sich unser Begriff von Erfolg. Immer weniger Menschen sind bereit, sich über längere Zeit einzig und allein ihrer Arbeit hinzugeben und dabei ihre Gesundheit aufs Spiel zu setzen oder ihr Privatleben zu vernachlässigen. Unser heutiges Verständnis von Erfolg und Wohlstand schließt mittlerweile ein ausgewogenes Leben mit ein: Wir wollen gute Arbeit leisten, die uns befriedigt, und dabei fit und gesund bleiben, liebevolle Beziehungen und ein glückliches Familienleben führen, sozial aktiv und engagiert sein, und dies alles mit einem Gefühl von innerem Frieden und Erfüllung. In einer 1997 durchgeführten Umfrage der New York Times gaben die meisten der Befragten an, daß es ihnen wichtiger sei, das Tempo zu drosseln und weniger zu arbeiten, dafür aber mehr Zeit mit ihren Freunden und der Familie zu verbringen, als weiterhin ausschließlich Prestige und Besitz anzuhäufen.

Wahrer Erfolg kann dies alles umfassen. Eine mit unserem vollen Engagement getane Arbeit leistet unserer Umwelt einen Dienst. Der Aufbau liebevoller Beziehungen und die Zeit, sie zu genießen, ist ein Ziel, das jeder erreichen kann, wenn er will. Wohl durchdachte Arbeitsgewohnheiten — insbesondere geistige Routinen — können finanzielle Sicherheit und Wohlstand bringen. Wenn wir genug Geld haben, sind wir freier, das zu tun, was uns Spaß macht, können aber auch der Welt etwas zurückgeben und anderen helfen.

15

Ein altes chinesisches Sprichwort sagt, daß auch eine tausend Meilen lange Reise mit dem ersten Schritt beginnt. Durch Ihre Entscheidung, dieses Buch zu lesen, haben Sie gerade einen ersten Schritt in Richtung Erfolg und zur Erfüllung Ihrer Träume getan. Alles im Leben ist eine Frage der Wahl. Der Zweck dieses Buches ist nicht nur, Ihnen die Möglichkeiten, die Ihnen offenstehen, aufzuzeigen, sondern auch, Ihnen zu helfen, Ihre Ziele zu erreichen.

Eventuell sind Sie, wie so viele andere auch, zur Zeit arbeitslos, nicht ausgelastet, in der falschen Position oder in anderer Hinsicht unzufrieden mit Ihrer gegenwärtigen Arbeit. Trotz dem, was Sie gegenwärtig empfinden und denken mögen, trotz der „schweren Zeiten", die wir gerade durchmachen (was im übrigen eher eine Ausrede als ein wirkliches Hindernis ist, wie wir später noch sehen werden), trotz Arbeitslosigkeit und Inflation können Sie den idealen Job finden, von dem Sie träumen – schneller als Sie je glaubten, daß es möglich wäre. Entgegen der Annahme der meisten Menschen, nämlich, daß wir im Leben nicht immer tun können, was uns Spaß macht, können Sie einen Beruf finden, der Sie rundum zufriedenstellt. Das ist schließlich Ihr gutes Recht. Denn Armut, eine schlechte Gesundheit, Einsamkeit oder anderweitiges „Elend" nutzen niemandem – machen Sie lieber von Ihrem Recht auf persönliche Erfüllung und Erfolg Gebrauch!

Ein Wort der Warnung: Immer wieder einmal fordern wir Sie in diesem Buch auf, unternehmerische Initiative zu entwickeln und Ihr eigenes Geschäft aufzubauen. Das ist nicht so gemeint, daß Sie nun alles, was Sie gerade tun, stehen- und liegenlassen sollten, um selbst zum Unternehmer zu werden. Nicht jeder eignet sich dazu. Man braucht dazu eine bestimmte Art der Persönlichkeit und das echte Bedürfnis, sich in die Selbständigkeit zu begeben. Wenn Sie diesen Drang in sich spüren, dann verfügen Sie schon über eine der Grundeigenschaften eines Unternehmers. Dieses Buch kann eine Anleitung zur Selbständigkeit sein. Aber auch, wenn Sie nicht über so viel unternehmerischen Geist verfügen, finden Sie hierin Wege, Ihre Lebenslage, Ihr materielles Vermögen und Ihre Zukunftsperspektiven zu verbessern, ohne daß Sie dafür Ihre Sicherheit aufgeben müßten.

Einige der aufgeführten Grundsätze mögen eigenwillig und überraschend erscheinen, andere altbekannt. Lassen Sie sich davon nicht beirren, denn Ihr Erfolg hängt in großem Maße vom Verständnis und der Befolgung dieser Gesetze ab. Stören Sie sich nicht an der offensichtlichen Schlichtheit einiger dieser „goldenen Regeln". Die augenfälligsten Ideen sind manchmal am schwierigsten in unseren Alltag zu integrieren. Nehmen Sie sich etwas Zeit, um über sie nachzudenken. Wenden Sie sie schon an? Sind sie Teil Ihrer Lebens- und Ihrer Arbeitsgewohnheiten?

Lesen Sie dieses Buch *langsam*. Halten Sie oft inne und denken Sie über das Gelesene nach, versuchen Sie es mit Ihren Lebenserfahrungen in Einklang zu bringen. Sie werden auch zahlreiche Wiederholungen bemerken, doch es ist wichtig, diese sehr schlichten Gesetzmäßigkeiten so oft zu wiederholen, bis wir sie bewußt nachvollziehen können, und, was noch wichtiger ist, bis unser Unterbewußtsein sie aufgenommen hat und ihnen gemäß handelt. Dann werden große Veränderungen in Ihrem Leben stattfinden.

„Man gebe mir einen Ansatzpunkt", sagte Archimedes, als er das Hebelgesetz beschrieb, „und ich hebe die Welt aus den Angeln." Um Erfolg zu haben, müssen sie an einem Punkt ansetzen. Hier, in diesem Buch, finden Sie Ansatzpunkt und Hebel, mit denen Sie Ihre Träume in die Wirklichkeit katapultieren können.

# Kapitel 1

Aller Anfang ist ...
leichter als Sie denken

*Das Geheimnis des Vorwärtskommens ist der Anfang.*
*Das Geheimnis des Anfangs ist,*
*seine komplexen überwältigenden Aufgaben*
*in kleine zu bewältigende Teilaufgaben zu zerlegen*
*und dann mit der ersten zu beginnen.*
Mark Twain

Sokrates, der griechische Philosoph, war sich zutiefst der eigenen Schwächen bewußt. Dennoch erkannte er, daß der Mensch ein sich stets weiterentwickelndes Wesen ist, das sich verändern kann und sich dabei seinem Ideal annähert. Der Mensch kann seine Lage immer verbessern. Das macht einen Teil unserer Einmaligkeit aus. Und diese Fähigkeit, uns selbst zum Besseren zu verändern, kann sich zu jedem Zeitpunkt unseres Lebens entwickeln.

## Glauben Sie an Ihren Erfolg

Sie müssen selbst daran glauben, daß Sie erfolgreich sein können, bevor Sie Erfolg haben werden. Auch wenn sich dies zu einfach anhören mag, so sollten Sie sich doch einen Augenblick Zeit nehmen, um darüber nachzudenken. Wo sonst sollten Sie anfangen? *Ihre Überzeugungen gestalten Ihr Leben* – so, und nicht andersherum funktioniert es. Und egal, wie Ihre Überzeugungen gelautet haben mögen, Sie können sie ändern und damit Ihrem Leben eine neue, positive Wendung geben. Es ist nicht möglich, Erfolg zu haben, ohne – im tiefsten Inneren – daran zu glauben, erfolgreich sein zu können. Es ist unwahrscheinlich, daß wir in Saus und Braus leben, ohne daß wir daran glauben, daß uns Reichtum auch zusteht. Doch unsere Erziehung, die Gesellschaft und ebenso die anderen Formen der geistigen Prägung sind leider eher von negativer als von positiver Einstellung beseelt. Ihnen ist sicher oft erzählt worden, daß Sie Ihre Zeit nicht damit vertrödeln sollten, Luftschlösser zu bauen, daß Sie realistisch sein müßten und daß Sie nicht immer haben könnten, was Sie wollten. Wir hören das so oft, bis wir schließlich glauben, es sei wahr, daß Wohlstand nur auf einige wenige Glückliche beschränkt sei. Erfolg erscheint wie ein exklusives Fest, zu dem man uns alle herzlich ausgeladen hat.

Aber das ist einfach nicht wahr. Wenn Erfolg und Reichtum wie exklusive Clubs wirken, geschieht das, weil sie so im Bewußtsein derjenigen erscheinen, deren eigene Einstellung ihnen den Zutritt verwehrt. Jeder erfolgreiche Mensch hat zu irgendeinem Zeitpunkt seiner Entwicklung begonnen zu glauben, daß er oder sie einmal erfolgreich sein würde.

Ihre Einstellung zum Erfolg ist zweifelsohne tief verwurzelt, und Sie sollten bereit sein, sie zu verändern, bevor Sie wirklich erfolgreich sein können. Prüfen Sie Ihre Überzeugungen, damit Sie erkennen können, wie sie Ihr Leben beeinflußt haben. Viele Menschen legen sich selbst unnötig Hindernisse in den Weg aufgrund ungeprüfter „Kernsätze", die festhalten, wie die Welt angeblich funktioniert. Marc Allen faßt das in seinem Buch *Visionary Business* so zusammen:

*Es ist wichtig – in machen Fällen von entscheidender Bedeutung –, daß wir uns regelmäßig Zeit nehmen, unser Leben zu überprüfen. Das erste, was dabei zu tun ist, ist, sich die Vergangenheit einmal genau anzuschauen – so klar und ehrlich wie wir können – und die wichtigen Ereignisse und Einflüsse zu entdecken, die unser Leben geformt haben ... Manche dieser prägenden Ereignisse haben zu sehr sinnvollen Kernsätzen geführt – und an diese Augenblicke sollten wir uns erinnern, diese Überzeugungen fördern und unterstützen. Jeder von uns traf in seinem Leben auf einen Menschen, der seine Fähigkeiten erkannte und ihn auf die eine oder andere Weise unterstützte. Wir alle haben als Kinder einen Blick auf das uns innewohnende Genie erhascht, und wir alle waren Kräften ausgesetzt, die versucht haben, unser Genie durch Zweifel, Zynismus und mangelnde Unterstützung zu vernichten.*

Wir sollten hin und wieder über diese Dinge nachdenken. Wir müssen uns diese Augenblicke, die uns negativ prägten, anschauen und herausfinden, wie die negativen Kernsätze lauten, die wir in der Folge daraus formten. Sind diese Überzeugungen erst erkannt, können wir sie loslassen.

Denn sie sind nicht wahr – es sind lediglich sich selbst be-
wahrheitende Prophezeiungen, die Wirklichkeit werden,
wenn wir an sie glauben. Das ist der Vorgang der Bewußt-
werdung – wir werden uns der Kräfte bewußt, die uns an-
treiben, und lernen, wie wir auf diese Kräfte einwirken können, wie wir unser Schicksal formen können, wie wir Macht
über unser Leben bekommen können. Wie wir das erreichen können, was wir wollen.

Wie lauten unsere Überzeugungen vom Erfolg? Fürch-
ten Sie sich nicht davor, sich Ihre Gedanken einmal genau
anzuschauen; es könnte sein, daß es Sie überraschen wird,
welche Hindernisse Sie eventuell zwischen sich und den Erfolg gelegt haben. Wenn Sie begreifen, daß Sie sogar ihre
tiefsitzendsten Überzeugungen ändern können, werden Sie
erkennen, daß es für Sie nicht nur möglich ist, so erfolgreich
zu werden, wie Sie es sich wünschen – und zwar in allen
Bereichen Ihres Lebens –, sondern daß es sogar einfach ist,
viel einfacher, als Sie es sich je haben vorstellen können. Tatsächlich bieten sich jedem von uns jeden Tag Dutzende von
Gelegenheiten. Lohnende Ideen blitzen im Verstand auf, aber
normalerweise lassen wir es zu, daß sie verblassen, ohne ih-

nen konkrete Handlungen folgen zu lassen. Die Form der Autosuggestion, die in diesem Buch immer wieder angesprochen wird, hilft Ihnen zu entdecken, wie Sie Ihre intuitiven Kräfte entwickeln können – den sechsten Sinn für Erfolg. Sie besitzen diese Eigenschaften zwar schon, aber Sie müssen sie noch aus dem Unterbewußtsein hervorholen. Dazu brauchen Sie nur den Zugang zu ihnen zu finden – und das können Sie, sogar ziemlich einfach.

### Erfolg zu haben ist nicht schwerer, als Fehlschläge zu erleiden

Für viele Menschen sind Fehlschläge fester Bestandteil ihres Lebens. Mißerfolg scheint eine schwer zu überwindende „Gewohnheit" zu sein; schließlich versorgte uns unser gesellschaftliches Umfeld mit hohen Erwartungen, unsere soziale Prägung hingegen versah uns mit einem eher schwachen Antrieb, sie zu erfüllen – ein Teufelskreis. Um erfolgreich zu werden, müssen wir verstehen, daß Erfolg vom Grundsatz her nicht schwieriger zu erlangen ist als Mißerfolg. Es handelt sich einfach um unterschiedliche Formen der geistigen Programmierung, die unser Unterbewußtsein nicht aus sich heraus ablehnt.

Überlegen Sie einmal, was alles erforderlich ist, damit einem eine perfekte Gelegenheit entwischt, damit man jedesmal daneben trifft, wenn man ein Ziel anstrebt, damit man verpaßt, die Leute zu treffen, die einem auf dem Weg zum Erfolg helfen können, damit man seine Ideen als nutzlos abtut, obwohl sie es wert wären, sie zu verfolgen, und damit sich andauernd die Abläufe wiederholen, die zum Mißerfolg führen. So gesehen, ist es eigentlich eine ziemliche „Leistung", einen Fehlschlag zu erleiden; und dennoch nimmt das Unterbewußtsein das als natürlich hin. Durch dieses ganze Buch hindurch werden wir die Rolle untersuchen, die das Unterbewußtsein bei der Umsetzung von Erfolg spielt. Wenn wir verstehen, wie wir die Macht unseres Unterbewußtseins dafür einsetzen können, daß sie auf unseren Erfolg statt auf Mißerfolg hin arbeitet, werden wir erfolgreich sein. Das ist schon unvermeidlich.

Oft erfinden wir alle möglichen Ausreden, die uns davon abhalten, erfolgreich zu sein. Wie viele davon schleichen durch Ihre Gedanken?

27

- Ausrede Nr. 1: *Früher war alles einfacher!*

Dieser Satz erweist sich jeden einzelnen Tag des Jahres als falsch. Während Menschen mit negativer Einstellung über Arbeitslosigkeit und Gesundschrumpfung der Unternehmen brüten, entstehen jedes Jahr Tausende von blühenden Kleinunternehmen. Und Tausende – weltweit gesehen sogar Millionen – von Menschen werden in jedem Jahr zum Millionär! Denken Sie nur an die ganzen Filme, die gedreht werden, die Bücher, die veröffentlicht werden, die Möglichkeiten in der Computerbranche und den interaktiven Medien! Denken Sie an die Länder der Welt, die sich dem freien Handel öffnen! Zu Erfolg zu kommen ist heute nicht nur möglich, sondern sogar einfacher als je zuvor. Die ganze Welt steht uns offen, wir können überall neue Ideen, Produkte, Dienstleistungen anbieten – wo auch immer unsere Begabung liegen mag. Erfolg hängt viel weniger von äußeren Umständen als von unserer geistigen Einstellung ab, davon, was wir von uns selbst und der Welt glauben.

- Ausrede Nr. 2: *Ich bin zu jung!*

Das sollten Sie Debbie Fields besser nicht erzählen: Sie ist

Gründerin und Eigentümerin von Mrs. Fields Cookies[*], und war um die Zwanzig, als sie der Erfolg einholte. Oder Steve Jobs, dem Gründer von Apple Computers, der seine erste Million mit 23, mit 24 bereits 10 Millionen und mit 25 bereits 100 Millionen verdient hatte. Es gibt ein altes amerikanisches Sprichwort: „Ein junger Mensch, der nur ein Ziel im Leben hat, kann die Ernte früh einbringen."[**] Jugend ist sogar meistens ein Vorteil. Fehlende Erfahrung kann durch Kühnheit, Wagemut, Instinkt und Eigenwilligkeit ausgeglichen werden. Die Geschichte zeigt, daß sich die erfolgreichsten Menschen ohne jede Erfahrung aufmachten und ihre Lehren aus dem zogen, was sie erlebten, während sie ihren Weg verfolgten.

- Ausrede Nr. 3: *Ich bin zu alt!*

Colonel Sanders[***] würde da nicht zustimmen. Die Studie von Napoleon Hill in *Denke nach und werde reich* zeigt, daß die meisten erfolgreichen Menschen ihr Ziel erst um ihre Lebensmitte oder später erreichen. Das könnte daran liegen, daß dies die Zeit ist, in der die Früchte früherer Anstrengungen geerntet werden, während viele doch dar-

*Große US-amerikanische Gebäckfirma **kein dt. Gegenstück bekannt
***Gründer von Kentucky Fried Chicken

an denken, in Rente zu gehen. Arbeit an sich bringt niemanden um. Untätigkeit hingegen ist manchmal „tödlich"; Menschen, die früh in Rente gehen, sterben oft früher als andere, die weiter arbeiten. Tatsache ist, daß viele Leute spät im Leben eine zweite oder dritte Karriere machen, manchmal die erfolgreichste von allen. Das Alter ist unwichtig. Die Jahre an Erfahrung, die Sie haben, sind unbezahlbar, auch wenn Sie bisher vielleicht nicht zu Erfolg gelangten.

• Ausrede Nr. 4: *Mir fehlt das Kapital!*

Das haben die meisten Menschen nicht, wenn sie anfangen. Geld ist am Anfang nicht das Wichtigste. Wichtig sind eine gute kreative Idee oder eine Geschäftsidee und eine positive geistige Einstellung. Jeder auf der Welt hat mindestens eine Begabung, eine Leidenschaft, ein Hobby, die Gewinn bringen können, wenn sie richtig eingesetzt werden. Entgegen einem weitverbreiteten Glauben gibt es durchaus genügend Geld auf der Welt. Das Geld, um Ideen umzusetzen und das Gute in unserer Welt zu verbreiten, ist immer verfügbar.

Armut scheint in viel zu vielen Familien eine Art Tradition zu sein, eine erbliche Eigenschaft wie die Farbe unserer Haare oder Augen, die von Generation zu Generation weitergegeben wird. Oft ist es für Menschen, deren Familien immer arm waren, schwieriger sich vorzustellen, daß sie eines Tages reich werden können. Das Bild, das wir von uns selbst und vom Leben im allgemeinen bekommen haben, ist häufig getrübt von Hoffnungslosigkeit und Pessimismus, und die Vorbilder, die uns umgeben, sind oft nicht sehr förderlich. Aber es gibt davon auch zahlreiche Ausnahmen – denken Sie nur an Charlie Chaplin, einen der reichsten Schauspieler der Geschichte: Er verbrachte seine Jugend in Armut und trieb sich auf den Straßen von London herum. Erniedrigung als Folge von Armut und früher Kontakt mit der herben Wirklichkeit des Lebens haben Menschen in vielen Fällen zu großen Leistungen angespornt.

- Ausrede Nr. 5:
*Ich habe nicht die erforderliche Ausbildung!*
Die hatte die Modedesignerin Donna Karan auch nicht. Thomas Edison verließ die Schule als er noch keine 16 war.

31

Bill Gates, der Microsoft-Magnat, stieg einfach aus dem College aus. Auch wenn viele erfolgreiche Menschen keine Ausbildung im üblichen Sinne hatten, eigneten sie sich jedoch ein gründliches Fachwissen in dem Gebiet an, in dem sie ihr Vermögen gewannen.

- Ausrede Nr. 6:
  *Benötige ich nicht eine angeborene Begabung?*

Nein. Viele erfolgreiche Menschen wiesen keine frühen Zeichen dafür auf, daß sie für Ruhm, Reichtum und ein erfülltes Leben bestimmt waren. Paul Getty sagte gar: „Ich war ganz sicher nicht zum Geschäftsmann geboren." Viele Leute sind durch negative Programmierung der Ansicht, daß sie über kein besonderes Talent verfügen oder nicht über das gewisse Etwas, das es ihnen ermöglichen würde, ihr Leben zu ändern. Sie geben sich – unbewußt – die größte Mühe, ihren mangelnden Erfolg zu rechtfertigen. Dennoch hat jeder auf der Welt irgendein Talent, irgendeine Art von Begabung. Haben wir erst entdeckt, worin unsere einzigartige Begabung liegt, wird es zu unserem Ziel, sie weiterzuentwickeln.

- Ausrede Nr. 7: *Mir fehlt die Kraft dazu!*

Ein wichtiger Unterschied zwischen jenen, die Erfolg haben, und jenen, die keinen haben, ist der Vorrat an innerer Antriebskraft. Jede Handlung, die wir ausführen, erfordert ein Mindestmaß an Energie, insbesondere geistiger oder seelischer Energie. Eine geringe Lebenskraft erzeugt zwangsläufig nur einen geringen inneren Antrieb. Das erscheint wie ein weiterer Teufelskreis, aus dem das Entrinnen schwierig wirkt. Aber alles, was wir brauchen, um da herauszukommen, ist ein winziger Zugang, der die Energiequellen anzapft, die in uns vor sich hin dämmern. Das uns allen innewohnende Energiepotential ist riesig. In vielen Menschen liegt es in einer Art Winterschlaf und wartet nur darauf, erweckt zu werden.

Gleichzeitig erfordert es viel mehr Kraft, etwas zu tun, das wir nicht mögen, als etwas, an dem wir Freude haben. Denken Sie einmal an die Energie, die Ihnen zur Verfügung steht, und daran, wie die Zeit verfliegt, wenn Sie in die Arbeit an Ihrem Lieblingsprojekt versunken sind. Wenn wir das tun, was uns wirklich interessiert und was uns motiviert, dann fließt die Energie leicht und mühelos.

- Ausrede Nr. 8: *Ich habe Angst vor einem Fehlschlag!*

Wir werden mit zwei Ängsten geboren: Der Angst zu fallen und der Angst vor lauten Stimmen. Alle anderen Ängste sind „angelernt". Leider ist die Angst zu versagen weit verbreitet – und wirkt zudem äußerst lähmend. Oft tief in uns verwurzelt, ist sie meist das Ergebnis von vergangenen Fehlschlägen und mangelndem Selbstvertrauen, das unabsichtlich von unserer Umwelt gefördert wurde. Dazu wird sie noch durch das im allgemeinen eher pessimistische, kurzsichtige Denken der Gesellschaft verstärkt.

Die Angst zu versagen tritt manchmal offen zutage, meistens aber ist sie unbewußt und geschickt getarnt. Viele Menschen geben nicht zu, daß sie eigentlich Angst haben zu versagen; statt dessen verunglimpfen sie andere, die Luftschlösser bauen, und verachten Träume und schöpferische Ideen. Sie sind diejenigen, die Ausflüchte suchen wie z.B. familiäre Verpflichtungen, Probleme, Zeitmangel, Geldmangel. Aber wäre es für die Familie nicht schöner, wenn die Ehepartner oder Eltern zufrieden mit ihrer Arbeit wären? Wäre es nicht besser, seine Zeit mit kreativem Schaffen zu verbringen? Würde es nicht viele Probleme lösen, wenn wir unser Leben so gestalteten, daß es erfüllt wäre?

Ein weiteres Beispiel für vorgeschobene Ausreden sind die „Wenn doch nur"-Leute: Wenn doch nur ihr Chef sie mal wahrnähme... Wenn sie doch nur eine gute Idee hätten... Wenn sie doch nur mehr Talent, Geschick, Zeit, Geld oder Glück hätten... Wenn sie doch nur unter anderen Umständen geboren worden wären oder unter einem anderen astrologischen Zeichen...

Sicher ist, daß Menschen, die nie etwas ausprobieren, auch nie Mißerfolge haben können. Aber genausowenig ist es wahrscheinlich, daß Sie erfolgreich sein werden. Erfolg erscheint nicht wundersam aus dem Nichts. Er ist immer das Ergebnis einer gezielten Handlung und einer positiven geistigen Einstellung. Thomas Edison machte 10.000 Versuche, bevor es ihm gelang, eine voll funktionsfähige Glühbirne zu erfinden. Abraham Lincoln verlor 18 Wahlen, bevor er Präsident der Vereinigten Staaten von Amerika wurde. Diese Beispiele sind kein „Lob des Mißerfolgs"; vielmehr wissen wir aus eigener Erfahrung, daß jede persönliche Niederlage eine Lehre an sich sein kann, zumindest wenn wir offen sind zu lernen.

- Ausrede Nr. 9: *Ich habe bisher immer versagt!*

Ein unterschwelliger Grund für die lähmende Furcht, die viele Menschen vor einem Mißerfolg haben, ist, daß sie schon Niederlagen erlitten haben oder glauben, daß sie in der Vergangenheit erfolglos waren. Jeder neue Rückschlag verstärkt dieses Gefühl und unterminiert ihr Selbstvertrauen. Sie erleiden einmal einen Fehlschlag und sehen sich anschließend als Verlierer, was wiederum zu weiteren abgebrochenen Versuchen führt. Diese Mißerfolge verstärken ihre Auffassung, „Verlierer" zu sein, und bald wird sie zur Gewohnheit. Das kann dazu führen, daß sie glauben, daß das Leben aus einer Reihe harter Schläge, Niederlagen, Kämpfe und Frustrationen besteht.

Warum hatten Sie bisher möglicherweise nicht den Erfolg, den Sie sich wünschten? Vielleicht „wollten" Sie ihn – zumindest auf unbewußter Ebene – nicht wirklich haben. Wenn Ihnen der Erfolg, auf den Sie ein Recht haben, immer wieder durch die Finger gleitet, sollten Sie sich fragen, war-

um Sie es sich nicht erlauben, über das „Mittelmaß" hinaus-
zuwachsen. Und seien Sie versichert, daß auch die vermeintlich stärkste Negativprogrammierung geändert werden kann
– schnell und vollständig.

Wenn wir unser Innenleben erst einmal genauer anschauen, können wir häufig eine Überraschung erleben,
wenn wir entdecken, wie groß der innere Widerstand ist,
den wir dem Erfolg entgegensetzen. Und der von negativer Einstellung geprägte innere Monolog, den viele Menschen unmerklich aus Gewohnheit in sich abspulen, würde uns in Erstaunen versetzen. Und hier heißt es aufpas-
sen: Der Geist arbeitet immer auf unser Wohl hin – es
könnte allerdings sein, daß er dabei ein lang veraltetes
Ziel verfolgt. Beispielsweise brachte es uns als Kind herbe
Kritik durch Eltern oder Geschwister ein, wenn wir mit
viel Schwung und großer Begeisterung an etwas heran-
gingen. Wir lernten schnell, ruhig und zurückhaltend zu
sein. Aber jetzt, als Erwachsene, gibt es für uns keinen
Grund mehr, ungesehen und ungehört zu bleiben – das
hat aber unserem Unterbewußtsein noch niemand gesagt.

Betrachten wir es einmal so: Jeder Mißerfolg bringt uns dem Erfolg einen Schritt näher. Unsere Fehlschläge liefern uns eine unschätzbare Rückmeldung. Ist es nicht so, daß wir aus jedem bewußt wahrgenommenen Mißerfolg etwas Wertvolles lernen? Niederlagen sind unsere Art zu lernen und zu wachsen. In Wirklichkeit gibt es keinen Mißerfolg: Er ist nur ein Teil unserer Ausbildung auf dem Weg zu unserem unvermeidlichen Erfolg – wenn wir ihn so betrachten können.

Unsere persönliche Situation wird sich nicht verbessern, wenn wir nichts daran zu verändern versuchen. Das versteht sich natürlich von selbst. Aber warum warten dann so viele Leute auf ihren großen Durchbruch oder auf ihren Lottogewinn oder auf irgendein anderes Wunder? Viele Menschen leben mit der Hoffnung, daß sich alles schon auf wundersame Weise zum besten wenden wird. Und dann kommt meist eine Enttäuschung. Erfolg wird uns nicht auf dem Silbertablett gereicht; wir müssen selbst aktiv werden, unsere Überzeugungen immer wieder überprüfen und auch einmal Fehlschläge riskieren.

Was machen viele Menschen, wenn sie Geld brauchen?

Manche borgen es sich und verstricken sich immer tiefer in Schulden. Andere schnallen den Gürtel enger und passen ihre Bedürfnisse an ihr mageres Einkommen an. Anstatt die Herausforderung anzunehmen, die Welt dazu zu bringen, daß sie ihnen ihre Träume erfüllt, lassen die meisten ihre Träume auf das zurechtstutzen, was sie als Beschränkung der Wirklichkeit wahrnehmen. Sie nehmen eine passive Haltung ein und warten auf ein Wunder. Und meistens geschieht – nichts.

Unser Leben spiegelt unsere Überzeugungen – grenzenloser Erfolg entsteht aus einem System grenzenloser Überzeugungen

Um Ihre finanzielle Lage zu verbessern, um eine Arbeit zu finden, um eine Gehaltserhöhung zu bekommen, um Ihr Einkommen zu verdoppeln, um fit und gesund zu werden, müssen Sie einen leidenschaftlichen Drang verspüren, Ihr Leben verbessern zu wollen. Sie müssen aktiv werden, zielgenaue Maßnahmen ergreifen und Ihre Einstellung verändern. Das muß zu einer „fixen Idee" werden. Dieses überwältigende Verlangen ist unabdingbar, damit Sie sich das

Leben so gestalten können, wie Sie es sich wünschen. Entschlossenheit und Willenskraft sind alle Stärken, die Sie dazu brauchen. Kazuo Inamori, Aufsichtsratsvorsitzender von Kyocera International und Autor von *Erfolg aus Leidenschaft*, stellt das so dar:

*Ein Unternehmer muß zuerst einmal eine klare Vorstellung davon haben, was er oder sie will. Ein einfacher Traum, von dem was Sie sich wünschen, reicht nicht aus. Statt dessen müssen Sie ein so starkes Verlangen und eine so klare Vorstellung aufbauen, daß sie ein Teil Ihres Unterbewußtseins werden.*

So viele Menschen verlangt es ehrlich danach, ihre Lebensumstände zu verbessern, aber dennoch mißlingen ihre Versuche, zu Erfolg zu gelangen. Der Grund dafür ist, daß sie *wünschen* mit *wollen* verwechselt haben. Wunschdenken ist weiter verbreitet als der Drang, wirklich etwas erreichen zu wollen. Ein Wunsch ist eher schwach, unterliegt Veränderung und ist passiv. Er ist nicht stark genug, um Zweifel oder andere Hindernisse zu überwinden, die sich uns entgegenstellen, während wir versuchen, das zu bekommen, was wir wollen. Der Drang, wirklich etwas erreichen zu wollen, spornt uns an, aktiv zu werden. Er toleriert keine Verzögerungen. Er überwindet Hindernisse. Er verleiht uns Flügel, um damit zu fliegen.

Eines Tages wurde ein weiser Mann von einem Schüler gefragt, was man tun müsse, um Weisheit zu erlangen. Der Weise führte den Schüler zu einem Fluß und tauchte dessen Kopf unter Wasser. Nach einigen Sekunden fing er an, furchtsam um sich zu schlagen, aus Angst, er würde ertrinken. Aber der Lehrer hielt seinen Kopf weiter unter Wasser. Der Schüler schlug noch heftiger um sich. Schließlich ließ ihn der weise alte Mann, kurz bevor er ertrunken wäre, los und fragte ihn: „Als Dein Kopf unter Wasser war, was wolltest Du da am meisten?" „Atmen", antwortete der verängstigte Junge. „Nun, da hast Du es. Genauso stark mußt Du Weisheit erlangen wollen."

*Das Leben gibt Ihnen, wonach es Sie wahrhaftig verlangt.* „Sie werden so groß, wie Ihr wichtigstes Ziel", schreibt James Allen in seinem Klassiker *As You Think*, und „wenn Sie eine Vision, ein hohes Ideal in Ihrem Herzen hegen, dann werden Sie es in der Wirklichkeit umsetzen." Wenn

Sie sich mit Mittelmäßigkeit zufriedengeben, bekommen Sie eben diese. Da Sie dieses Buch lesen, sind Sie wahrscheinlich mit Ihrer Lage nicht ganz zufrieden. Es gibt etwas, das Unzufriedenheit zu einer starken Antriebskraft macht: Sie nährt Träume. Wie wir bereits angeführt haben, hatten viele erfolgreiche Menschen eine schwere Kindheit, oft auch in Armut. Sie fühlten sich erniedrigt. Ihr Verlangen danach, sich von der Armut und dem niedrigen gesellschaftlichen Status zu befreien, war so stark, daß es sie trieb, ihre Träume Wirklichkeit werden zu lassen. „Trotz solch starkem Verlangen verändern sich Umstände...", sagt Inamori. „Doch schieben Sie diese Umstände nicht als Ausrede vor. Ihre Entschlossenheit sollte so stark sein, daß sie jedes Hindernis überwindet, ob vorhergesehen oder unvorhergesehen."

Die Träume, die Sie in Ihrem Herzen tragen und nähren, sind Ihr wichtigster Besitz. Diejenigen, die aufhören zu träumen, die das Ziel ignorieren, nachdem es sie am meisten verlangt, leben meist ein Leben in gewisser Leere und Frustration. Lassen Sie nicht zu, daß es Ihnen ebenso ergeht. Verändern Sie Ihr Leben, indem Sie es wagen, sich von Ihren

Träumen davontragen zu lassen und sie voll und ganz aus-
zuleben.

Diese Philosophie mag naiv erscheinen – sie ist es. Ohne
Naivität, ohne die Unschuld der Träume wäre nichts Groß-
artiges in dieser Welt zustande gekommen. Die Menschen
würden nicht fliegen, Monumentalfilme wären nicht gedreht
worden, Ford hätte nicht die Massenfertigung von Auto-
mobilen erfunden, Edison hätte die Welt nicht erleuchtet.
Eine zu ernsthafte Einstellung, Zynismus und selbst ein
streng verstandesgesteuertes Denken sind große Hindernisse
für Erfolg. Wir setzen uns nicht für ein überspanntes, un-
vernünftiges Verhalten ein. Doch wahr ist, daß die Wurzel
einer jeden bahnbrechenden Erfindung, eines außergewöhn-
lichen Erfolgs stets ein Traum, ein Bestreben, ein Drang ist.
Solch ein Verlangen ist stärker als Zynismus und streng lo-
gisches Denken.

In Ihrem tiefsten Verlangen und in Ihren hochfliegendsten
Träumen liegen die Schlüssel zu Ihrem Erfolg.

## Arbeitsteil zu Kapitel 1

Um dieses erste Kapitel zusammenzufassen, folgen vier Grundsätze, die Sie sich am Beginn Ihres Weges zum Erfolg zu eigen machen sollten:

1. **Glauben Sie daran, daß Sie erfolgreich sein werden.** Die erste Voraussetzung ist, daß Sie glauben können, ja zutiefst davon überzeugt sind, daß Sie erfolgreich sein können und daß Sie an sich selbst glauben. Diese Überzeugung kann durch Autosuggestion erzielt werden, mit der Sie Ihre alte Programmierung ändern können. Wenn Sie nicht an sich selbst oder Ihre Ideen glauben, können Sie auch keinen anderen davon überzeugen. Erfolg kommt nicht aus dem Nichts und wird Ihnen nicht auf einem Silbertablett serviert. Die Hindernisse, die Sie überwinden müssen, die Schwierigkeiten, auf die Sie treffen werden, und die anhaltenden Bemühungen, die Sie unternehmen müssen, erfordern eine große Dosis Vertrauen, die Sie immer wieder anspornt weiterzumachen.

44

Wie lautet meine alte Programmierung?

Wie könnte die neue Programmierung lauten?

2. **Machen Sie sich klar, daß Ihre Lage sich nicht durch ein Wunder ändern wird, wenn Sie nichts dafür tun.** Für Ihre gegenwärtigen Ziele und zukünftigen Pläne könnten Sie sich sogar überlegen, folgenden Handlungsgrundsatz aufzustellen: Wenn Sie nicht vollkommen und ehrlich von dem überzeugt sind, was Sie tun, tun Sie es nicht, denn sonst könnte es zu einem Mißerfolg führen. Wenn Sie an etwas nicht glauben, sind die Codes, die Sie in Ihr Unterbewußtsein programmieren, und die Botschaften, die Sie an jene senden, die Ihnen helfen würden, falsch, ungenau und widersprüchlich. Eine halbherzige Überzeugung führt zu halbgarem Erfolg, ist also eigentlich ein Mißerfolg. Zweifel spiegelt sich in zweifelhaften Ergebnissen.

Was tue ich nur halbherzig?

Was tue ich, wo ich mit dem ganzen Herzen dabei bin?

3. **Sie müssen ein leidenschaftliches Verlangen danach verspüren, Ihr Leben zum Besseren verändern zu wollen.** Stellen Sie eine Liste von eventuellen „Ausreden" und inneren Monologen auf, die den Erfolg von Ihnen fernhalten. Dieser Schritt ist sehr wichtig. Er macht Ihnen die Überzeugungen klar, die Sie hemmen. Wenn Sie sie erst kennen, können Sie sie überwinden. Erfolgreiche Menschen haben gelernt, dem Zweifel keinen Raum zu lassen. Sie haben einen unerschütterlichen Glauben an sich selbst und ihre Pläne, trotz jeglichen Widerstands, auf den sie treffen könnten.

Welche Hindernisse scheinen mir im Weg zu stehen?

Welche inneren Überzeugungen bestimmen mein Weltbild?

Was sind die Themen meiner inneren Monologe?

**4. Wagen Sie es zu träumen – und träumen Sie außerge-
wöhnliche Träume.** In Ihrem tiefsten Verlangen und in Ihren
hochfliegendsten Träumen liegen die Schlüssel für Ihren Erfolg. Ihr Unterbewußtsein kennt nur die Grenzen, die Sie ihm
selbst mit den Fesseln Ihrer Überzeugungen auferlegt haben
– und diese Überzeugungen können geändert werden, wenn
Sie die Mittel, die Ihnen dieses Buch zur Verfügung stellt, einsetzen.

## Meine liebsten Träume:

# Kapitel 2

## Wohlstand ist eine Geisteshaltung

*Der Geist ist die Kraft, die formt und waltet,*
*Und wir sind der Geist, dessen Gedanke gestaltet,*
*Der die Welt nach unsrem Willen prägt,*
*Und Tausende Freuden wie Übel zeugt.*
*Wir denken im Geheimen, doch es tritt an den Tag,*
*Unsre Welt, unser Spiegel, vom gleichen Schlag.*
JAMES ALLEN, Autor von *As You Think*

Ein weitverbreitetes Mißverständnis, dem wir unter-
liegen, ist, daß wir außerhalb unseres Selbst nach Dingen
suchen, die wir in uns finden sollten. Erfolg bildet da keine Ausnahme. Genauso, wie die Quelle wahren Glücks in
uns selbst liegt, so entsteht auch Erfolg in uns selbst. Erfolg ist das Ergebnis einer ganz besonderen Geisteshal-
tung, die man als Millionärsmentalität, Erfolgseinstellung
oder Wohlstandsbewußtsein bezeichnen kann. Erfolg ist
der nach außen gedrungene Ausdruck einer inneren Über-

zeugung, das Ergebnis von Gedanken, die auf ein bestimmtes Ziel gerichtet sind.

Leider sind sich viele Menschen dessen nicht bewußt. Die überwiegende Zahl der nachfolgend vorgestellten Grundsätze weist auf eine höhere, umfassende Wahrheit hin: Der Geist ist zu allem fähig. Wahrer Reichtum ist, vor allem anderen, ein Geisteszustand – ein Zustand, der in den Leben der Wohlhabenden und Erfolgreichen Form angenommen hat. Wir müssen damit anfangen, in unseren Gedanken wohlhabend und erfolgreich zu sein, bevor wir es im Leben werden können.

Ein klares Verständnis unseres Unterbewußtseins ist die Grundlage dafür. Es ist natürlich sehr leicht, den Menschen zu erzählen, daß sie an Erfolg und Wohlstand glauben und diese leidenschaftlich wollen müssen. Doch viele von uns sind durch schlechte Erfahrungen wie gelähmt. Wir scheinen manchmal nicht fähig zu sein, das zu entwickeln, was Friedrich Nietzsche unter dem „Willen zur Macht" beschreibt.

Es ist keineswegs einfach, von jemandem Tatkraft und Entschlossenheit zu verlangen, der eher unsicher, wenig entscheidungsfreudig, passiv und ohne inneren Antrieb ist. Doch hat jeder die Möglichkeit, diese Aspekte in sich zu überwinden, wenn er die Mechanismen und die Kraft des Unterbewußtseins entdeckt.

## Das Unterbewußtsein hat keine Grenzen

*Jeder ist seines Glückes Schmied.* Wenn wir uns dieses alte Sprichwort vollkommen zu eigen machen, kann es zu unserem wichtigsten Antriebsmotor werden.

Der Schlüssel zum Erfolg liegt letztlich im richtigen Einsatz unseres Unterbewußtseins. Sowohl die Mittel, mit denen Geld zu verdienen ist, als auch die äußeren Umstände, die auf uns einwirken, sind so vielfältig und so abhängig von der jeweiligen Persönlichkeit, daß es unmöglich wäre, eine einzige, gültige Formel für das Erlangen von Erfolg aufzustellen. Es gibt kein Patentrezept – aber es gibt ein Grundthema, das sich durch alle Erfolgsbiographien hindurchzieht. Dieses einzige einfache Grundthema ist eine *positive innere Einstellung*.

Analysen und Forschungen haben ihre Grenzen. Und an diesem Punkt setzt unser sechster Sinn ein, den manche Menschen Geschäftssinn oder Intuition nennen, – das Ergebnis von positiver geistiger Programmierung und einem richtig eingesetzten Unterbewußtsein. Das Unterbewußtsein läßt sich am treffendsten durch das Bild vom Eisberg darstellen: Der kleinere, sichtbare Teil über dem Wasser verkörpert das Tagesbewußtsein, der weit größere, unter Wasser verborgene Teil hingegen das Unterbewußtsein. Die Rolle, die das Unterbewußtsein in unserem Leben spielt, ist viel größer, als sich viele von uns vorstellen können. Das Unterbewußtsein ist der Sitz unserer Gewohnheiten, Komplexe und der Grenzen unserer Persönlichkeit. Welcher Überzeugung wir auch sein mögen, *das Unterbewußtsein – nicht die äußeren Umstände – ist verantwortlich für Erfolg oder Mißerfolg eines Menschen.*

Es gibt viele Arten, auf die wir unser Unterbewußtsein trainieren können. Die, die am stärksten wirkt, wirkt über unsere Überzeugungen. Peter M. Senge, der Autor von *Die fünfte Disziplin*, schreibt:

56

*Die meisten von uns leben mit einer von zwei gegensätzlichen Überzeugungen, die unsere Fähigkeiten hemmen, das zu erschaffen, was wir wirklich wollen. Die häufigere ist die Überzeugung von unserer* Machtlosigkeit *– der Unfähigkeit, alles das in die Wirklichkeit umzusetzen, woran uns wirklich etwas liegt. Die andere Überzeugung läßt sich mit dem Gefühl der* Unwürdigkeit *zusammenfassen – daß wir nicht verdienen, das zu bekommen, was wir wirklich wollen…*

Es gibt viele Arten, auf die das Unterbewußtsein programmiert wird, auch Kulturen programmieren das Unterbewußtsein. Es ist beispielsweise wohlbekannt, daß Überzeugungen die Wahrnehmung beeinflussen: Wenn Sie glauben, daß die Menschen nicht vertrauenswürdig sind, werden Sie ständig Betrügereien und Schikanen „sehen", die andere, die diese Überzeugung nicht teilen, nicht sehen würden.

Das Unterbewußtsein kann mit einem Computer verglichen werden. Es führt das eingegebene Programm blind und unfehlbar aus. Eine passende Abkürzung aus dem Computerbereich ist GIGO – Garbage In, Garbage Out,

d.h. wird Müll eingegeben, kommt Müll heraus. Ein Groß-
teil unserer Programmierung seit unserer Kindheit ist eher
belastender „Müll", der direkt aus von meist negativer Einstellung geprägten Überzeugungssystemen stammt.

In der frühen Kindheit sind wir nicht kritikfähig und
nehmen alle von der Außenwelt eindringenden Beeinflus-
sungen ungeprüft auf. Die „Datenbank" des Systems wird
also durch unsere Eltern, Lehrer, die Medien und Gleichalt-
rige aufgebaut. Ihre Worte graben sich in unser junges Bewußtsein ein wie in weichen Ton. Eine einzige Bemerkung
kann einem Menschen das Leben schwermachen oder zumindest für lange Zeit eine große Belastung sein. Die Worte können ohne bösen Willen ausgesprochen worden sein,
aber wenn darin Angst und eine negative Einstellung mit-
schwangen, können sie durchaus folgenschwere Auswirkungen haben. So kann es geschehen, daß eine pessimistische
Mutter aus Frustration ihr Kind, das ihr zu impulsiv oder zu
launisch erscheint, einmal anfährt und sagt: „Hör auf zu
träumen – komm runter von den Wolken. Was glaubst Du,
wer Du bist?" Dieser Ausspruch wird vom Unterbewußtsein des Kindes aufgenommen und Teil seiner geistigen Pro-

grammierung. Die Aufgabe des Unterbewußtseins, das über fast grenzenlose Macht verfügt, ist es, dieses Programm auszuführen, was das Kind von Niederlage zu Niederlage führt. Das Problem dabei ist, daß Menschen, die diese Form der frühen Prägung erfahren haben, ihr ganzes Leben lang darüber im unklaren bleiben können, daß sie das Opfer einer solchen geistigen Negativprogrammierung sind.

Worte sind außergewöhnlich mächtige Mittler. Eine Liebeserklärung, eine schlechte Nachricht oder eine Gratulation haben alle eine starke Wirkung auf unser Innenleben. Und *die Worte müssen dabei nicht einmal der Wahrheit entsprechen, damit der Geist sie aufnimmt.*

Thomas Peters und Robert Waterman, die Autoren von *Auf der Suche nach Spitzenleistungen,* beschreiben ein Experiment, das die Macht von Worten aufzeigt, auch wenn diese nicht der Wahrheit entsprechen:

*Ein altes Sprichwort lautet: „Nichts ist so erfolgreich wie der Erfolg." Es stellt sich heraus, das es auf einer soliden Grundlage beruht. Forscher, die sich mit Motivation beschäftigen, haben herausgefunden, daß der entscheidende Faktor bei motivierten Men-*

schen einfach die Wahrnehmung ist, daß sie alles in allem gut vorankommen. Ob das nun von einem absoluten Standpunkt aus zutrifft oder nicht, scheint dabei keine große Rolle zu spielen. In einem Versuch wurden Erwachsenen zehn Rätsel vorgelegt, die sie lösen sollten. Alle zehn waren für alle Teilnehmer absolut identisch. Sie arbeiteten daran, legten ihre Lösungen vor und erhielten die Ergebnisse. Doch diese Ergebnisse waren in Wirklichkeit erfunden. Einer Hälfte der Prüflinge wurde erzählt, daß sie mit sieben von zehn Punkten ein gutes Ergebnis erzielt hätten. Der anderen Hälfte erzählte man, daß sie mit sieben von zehn Punkten ein schlechtes Ergebnis erzielt hätten. Dann wurden wiederum zehn identische Rätsel an die Teilnehmer ausgegeben. Die Hälfte, der man erzählt hatte, daß sie in der ersten Runde gut abgeschnitten hätten, lieferten in der zweiten Runde wirklich bessere Ergebnisse ab, die andere Hälfte tatsächlich schlechtere. Die reine Assoziation mit dem eigenen früheren Erfolg führt offensichtlich zu mehr Beharrlichkeit, höherem innerem Antrieb und etwas, das dazu führt, daß wir eine bessere Leistung erbringen.

Das Ergebnis dieses Versuchs ist des Nachdenkens wert. Das Unterbewußtsein der Teilnehmer wurde durch die gefälschten Ergebnisse beeinflußt. Die persönliche Wahrnehmung allein verbesserte die Leistung der einen Gruppe und schwächte die der anderen.

Ein paar Seiten weiter formulieren die Autoren folgende Theorie, die auf dem geschilderten Versuch gründet: „Wir vertreten den Standpunkt, daß die Unternehmen, die unter allen hervorstechen, deshalb so sind, wie sie sind, weil sie so aufgebaut sind, daß sie außergewöhnliche Leistungen mit ganz normalen Menschen erzielen." Und was auf Unternehmen zutrifft, trifft sicherlich in gleichem Maße auf Einzelpersonen zu. Ihr Geheimnis: ein geschickt angeleitetes Unterbewußtsein.

Abgesehen von Eltern, Lehrern und Freunden, die ihre negative Einstellung ungeschickt ausdrücken, ohne die schädliche Wirkung zu erkennen, die sie damit erzeugen können, gibt es einen weiteren wichtigen Programmierer: uns selbst. Wir alle sprechen innere Monologe, mit denen wir uns unaufhörlich selbst programmieren. Wir wiederholen möglicherweise innerlich Sätze wie: „Nie läuft irgend etwas gut für mich." (Statt: „Alles läuft, wie ich es brauche.")* „Immer bin ich müde." (Statt: „Ich habe unendlich

*Sätze in Klammern Ergänzungen des deutschen Verlags

61

viel Energie.")* „Was fange ich mit meinem Leben an?" (Statt: „Mein Leben ist ein spannendes Abenteuer.") „Man schätzt mich nicht genug." (Statt: „Ich werde geliebt und geschätzt.") „Ich bin nicht gut genug." (Statt: „Ich erfülle meine Aufgaben hervorragend.") „Es ist so schwer, Erfolg zu haben." (Statt: „Es ist leicht, Erfolg zu haben.") „Ich habe nie genug Zeit." (Statt: „Ich habe immer genug Zeit.") „Ich habe soviel Zeit verplempert." (Statt: „Alles, was ich erlebt und getan habe, war wichtig.") Die Liste ist endlos. (Die andere auch.) Die negativen, pessimistischen Gedanken, die wir in uns mehr oder weniger bewußt oft wiederholen, beeinflussen oder verstärken das laufende Programm, das uns am Erfolg hindert.

Aber sie müssen nicht in unserem Bewußtsein bleiben. Mit Erreichen des Erwachsenenalters können wir die Verantwortung für unser eigenes Überzeugungssystem übernehmen. Keine Programmierung ist für die Ewigkeit. Jede Negativprogrammierung kann ins Gegenteil verkehrt werden. Wie? Durch die Kraft eines einzigen Glaubenssatzes, der der Negativprogrammierung wirksam entgegensteuert.

*Sätze in Klammern Ergänzungen des deutschen Verlags

## Die Kraft der Überzeugung und Autosuggestion

Wie können wir eine innere Einstellung erwerben, die für uns günstige Umstände gestaltet und den Erfolg anzieht? Dazu gibt es eine Vielzahl von Methoden, die alle auf einer Art der Autosuggestion, der inneren Überzeugungsarbeit, beruhen. Diese Methoden haben eine Reihe unterschiedlicher Namen – Mentale Programmierung, Positives Denken, Affirmation, Selbsthypnose, Psychokybernetik, Alpha-Methode. Alle diese Techniken haben ihre Wirksamkeit bewiesen. Beide Autoren dieses Buches haben mit einer ganz einfachen Affirmationsformel (einem Glaubenssatz), die um die Jahrhundertwende von dem französischen Apotheker Emile Coué entwickelt worden war, sehr positive Ergebnisse erzielt.

Coués Entdeckung war ein Zufall. Eines Tages bestand ein Kunde Coués darauf, ein Medikament zu erwerben, für das er ein Rezept brauchte. Er hatte keines, verlangte aber dennoch hartnäckig nach dem Medikament. Coué dachte sich einen Trick aus: Er empfahl ein Medikament, das angeblich die gleiche Wirkung habe, bei dem es sich aber lediglich um gepreßten Zucker handelte. Der Patient kam einige Tag später zurück, vollkommen geheilt und rundum glücklich mit dem Ergebnis. Das, was später Placebo-Effekt genannt wurde, war entdeckt.

Was war mit diesem Patienten geschehen? Im Grunde genommen war es das gleiche Phänomen, das in dem zuvor beschriebenen Experiment in *Auf der Suche nach Spitzenleistungen* auftrat, außer daß die magische Wirkung der Worte, des Vertrauens und des Unterbewußtseins auf körperlicher statt auf geistiger Ebene aufgetreten war. Der Patient wurde durch sein Vertrauen in den Apotheker und das Medikament, ebenso wie durch die innere Sicherheit, daß er gesund werden würde, geheilt.

Coué brauchte nicht lange, um die Bedeutung seiner Entdeckung zu erkennen. Wenn Worte eine Krankheit heilen konnten, was könnten sie dann erst bei der Persönlichkeit eines Menschen ausrichten? In den folgenden Jahren entwickelte er eine ganz einfache Formel, zu der er keine Zuckerpillen benötigte – nur Worte. Sie wurde in der ganzen Welt angewandt und hat das Leben Tausender von Menschen zum Besseren gewendet. Diese Formel besteht aus einer einfachen Autosuggestion. Da Coué nicht am Bett aller seiner Patienten sitzen oder ständig mit ihnen in Verbindung bleiben konnte, brachte er ihnen bei, wie sie sich selbst mit der Formel heilen konnten, die wie folgt lautet: *Jeden Tag geht es mir in jeder Hinsicht besser und besser.*

Coué wies die Leute an, diese Formel mindestens zwanzig Mal pro Tag mit monotoner Stimme laut aufzusagen. Zahllose Abwandlungen wurden daraus entwickelt und jeder von uns kann seine eigene finden, entsprechend seinen Bedürfnissen und seiner Persönlichkeit. Die Wirkung ist verblüffend. Diese allgemeine Formulierung, diese schlichte Affirmation umfaßt alle Aspekte unseres Lebens und birgt unendliche Möglichkeiten.

Die goldene Regel der Autosuggestion ist die Wiederholung. Die Formel sollte also jeden Tag – und über den ganzen Tag hinweg – ständig wiederholt werden, um die beste Wirkung zu erzielen. In entspanntem Zustand, wenn das Unterbewußtsein am aufnahmefähigsten für neue Informationen ist, ist es am günstigsten, jedoch ist das nicht wesentlich. Es macht den Vorgang allerdings sehr viel schneller wirksam. In natürlich entspanntem Zustand sind Sie, wenn Sie meditiert haben, nach dem Aufwachen oder vor dem Zubettgehen. Er kann aber auch gezielt herbeigeführt werden: Dazu legen Sie sich am besten hin oder machen es sich auf einem Sessel bequem und schließen die Augen. Atmen Sie mehrmals ein und aus. Entspannen Sie dann nacheinander alle Gliedmaßen, angefangen bei den Füßen, Fußgelenken, Beinen bis hinauf zum Kopf.

Sie sollten Ihr Unterbewußtsein förmlich mit der neuen Formel überfluten. Allmählich wird sich das neue Programm festsetzen und eine neue Persönlichkeit zum Vorschein kommen lassen. Negative Unterminierung wird den Platz räumen für positive Unterstützung, für Begeisterung, Energie, Kühnheit und Entschlossenheit. Lassen Sie sich von der Schlichtheit dieser Methode nicht beirren, wie viele von Emile Coués Zeitgenossen, die nicht glauben wollten, daß so eine einfache Methode wirksam sein könnte. Wir sind der lebende Beweis dafür, daß diese Technik wirkt! Probieren Sie es einfach aus, üben Sie mehrmals am Tag über mindestens einen Monat, und überprüfen Sie das Ergebnis selbst.

Viele erfolgreiche Menschen haben unbewußt auf diese Technik oder ähnliche Methoden zurückgegriffen, wenn sich ihnen Widrigkeiten in den Weg stellten. Ob sie sich nun Problemen ausgesetzt sahen oder auf der Schwelle zu einem neuen Abenteuer standen, sie lernten, sich selbst zu beeinflussen oder neu zu programmieren, indem sie immer wieder wiederholten, daß sie mit ihrer Idee erfolgreich sein würden, daß kein Hindernis sie von ihrem Vorhaben abhalten würde, daß ihre Visionen ganz sicher Wirklichkeit werden würden.

*Das Gesamtergebnis sämtlicher innerer Programmierungen ist unser Selbstbild.* Trotz unserer bewußten Anstrengungen, ein Selbstbild zu erschaffen, haben viele von uns nur eine ungefähre Vorstellung dessen, was wir ausstrahlen. Und eine noch vagere Vorstellung haben wir meist davon, welche Rolle das Selbstbild in unserem Leben spielt. Es ist wichtig, die Bedeutung des Selbstbildes nicht zu unterschätzen, denn die Menschen sind, was sie von sich selbst glauben zu sein. Alles in unserem Leben, einschließlich Wohlstand, Freude und Aussehen, entspricht exakt unserem derzeitigen Selbstbild und wird direkt davon beeinflußt.

Peter M. Senge fügt einen weiteren wichtigen Punkt hinzu:

*Was letztendlich bei der Entwicklung des Unterbewußtseins am wichtigsten ist, ... ist das echte Interesse am gewünschten Ergebnis, das tiefe Gefühl dafür, daß es das „richtige" Ziel ist, das angestrebt wird. Das Unterbewußtsein scheint besonders empfänglich für Ziele zu sein, die in die gleiche Richtung laufen, wie unsere tieferen Ziele und Werte. Gemäß manchen spirituellen Schulen liegt das daran, daß diese tieferen Ziele direkt auf unser Unterbewußtsein einwirken oder Teil davon sind.*

Lassen Sie diese Worte ein wenig auf sich wirken.

### Machen Sie sich ein Bild von Ihrem Erfolg – Stellen Sie ihn sich ganz deutlich vor

Was wollen Sie erreichen? Wie sieht Ihre Version von Erfolg aus? Sie sind einzigartig; Sie haben Ihren ganz eigenen

Begriff von Erfolg, und Ihr Erfolg kann nur durch Ihre eigene einzigartige Vision zustande kommen. Diejenigen, die sich selbst als kleine Angestellte sehen und sich nicht vorstellen können, auf der Erfolgsleiter hinaufzuklettern, werden meist nicht weit kommen können. Das sähe ganz anders aus, wenn sie dächten: „Es gibt viele Möglichkeiten, wie ich mein jährliches Einkommen verdoppeln kann!" Wenn wir das glauben, wird uns das Leben beweisen, daß wir recht haben.

Wir setzen uns unsere Ziele immer entsprechend dem Bild, das wir von uns selbst haben. Aus diesem Grund ist es für uns genauso einfach, Mißerfolg wie Erfolg zu haben. Und es ist genauso einfach für uns, Erfolg zu haben wie eine Niederlage zu erleben. *Ein neues Selbstbild erzeugt ein neues Ziel, und ein neues Ziel hat ein neues Leben zum Ergebnis.*

In ihrem sehr aufschlußreichen Buch *Kreative Visualisierung* schreibt Shakti Gawain: „Kreative Visualisierung ist die Technik, bei der Sie Ihre Vorstellungskraft einsetzen, um Ihr Leben so zu gestalten, daß Sie bekommen, was Sie wollen." Alle erfolgreichen Menschen haben sich vorgestellt, wie es sein wird, wenn sie Erfolg haben, bevor sie ihre Träume haben Wirklichkeit werden lassen können. Egal, wie arm sie am Anfang waren, welch ungenügende Ausbildung sie hatten, wie wenig Verbindungen sie hatten, sie alle trugen eine klare Vorstellung ihres Erfolgs in sich. Sie gewannen die Überzeugung, daß sie erfolgreich sein würden. Das Leben spiegelte ihre Träume wider, die im Einklang mit ihrem Selbstbild und dem Glauben an ihren Erfolg waren, den sie in sich trugen.

Aufgrund dieser direkten Abhängigkeit zwischen Ihrem Selbstbild und dem, was das Leben Ihnen bietet, ist es ganz besonders lohnend, daran zu arbeiten, daß es Ihnen *jeden Tag in jeder Hinsicht besser und besser geht*. Dieser Satz wirkt Wunder bei Ihrem Selbstbild. Sie können Ihr Selbstbild übrigens jederzeit ändern, so wie Ihre Ziele es erfordern.

Am Anfang, wenn Sie beginnen, sich selbst neu zu programmieren und ein neues Selbstbild zu entwerfen, werden Sie zwangsläufig von Ihrem alten Selbstbild beeinflußt. Das ist ganz normal. Veränderungen finden schrittweise statt. Aber allmählich werden Sie ein neues Selbstbild entwickeln, und dieses wird neue Ziele finden – und neue Ziele werden, unvermeidlich, Ihr Leben zum Besseren verändern.

Die Erfahrung hat gezeigt, daß Affirmationen, um wirksam zu sein, erstens *kurz* sein müssen – wenn sie zu lang sind, verlieren sie ihre Wirkung – und zweitens *positiv formuliert* sein müssen, das ist absolut wesentlich. Das Unterbewußtsein arbeitet anders als das Tagesbewußtsein. Wenn Sie sagen würden: „Ich bin nicht mehr arm", kann es geschehen, daß das Wort *arm* im Unterbewußtsein hängenbleibt, weil es das Schlüsselwort ist. Wenn Sie dann also die Formulierung mit dem negativen Wort wiederholen, kann das das Gegenteil von dem bewirken, was Sie bezwecken. Wir müssen uns unserem Ziel schrittweise und mit positiver Einstellung nähern. Manche Autoren sind der Ansicht, daß wir unsere Eigenprogrammierung so formulieren müssen, als ob wir bereits hätten, was wir wollen: „Ich bin jetzt reich." Das *kann* in manchen Fällen jedoch heikel sein, weil unser Tagesbewußtsein darin einen Widerspruch sieht. Daraus könnte ein geistiger Konflikt entstehen, der die positiven Ergebnisse der Suggestion beeinträchtigt. Wenn Sie wiederholen: „Ich bin jetzt reich", oder „mein Job ist perfekt", wird

mindestens ein Teil Ihres Verstandes die offensichtlich fehlende Übereinstimmung bemerken, besonders, wenn Sie
gerade größere finanzielle Probleme haben sollten oder arbeitslos wären. Unserer Ansicht nach ist es besser zu sagen:
„Ich werde jeden Tag immer erfolgreicher", oder „ich erschaffe mir die perfekte Arbeit." Es ist wichtig, einen Satz zu
finden, der sich für Sie stimmig anfühlt und Sie mit Energie
auflädt.

*Affirmationen führen mit Sicherheit zum Erfolg.* Wir wissen
das aus Erfahrung. Auch wenn Sie mit einer mechanischen,
für Sie zunächst kaum überzeugenden Wiederholung anfangen, wird das Wirkung zeigen. Doch je mehr Gefühl
und Empfindung Sie in Ihre Suggestion legen, desto besser
wird das Ergebnis sein. Belegen Sie Ihre Glaubenssätze nicht
mit Einschränkungen. Ihre Möglichkeiten sind grenzenlos.
Wie Ray Kroc, der Gründer von MacDonald's, sagte: „Denken Sie groß, und Sie werden groß."

# Arbeitsteil zu Kapitel 2

Um dieses Kapitel zusammenzufassen, nachfolgend die beiden Arten, wie Sie umfassende Veränderungen in Ihr Leben bringen können:

**1. Fassen Sie Ihre Version von Erfolg in Form eines Glaubenssatzes schriftlich in Worte, die auf Sie eine ganz besonders starke Wirkung haben.** Ein Beispiel wäre: „Ich habe jetzt ein Einkommen von DM …", oder „Ich erschaffe die perfekte Arbeitsstelle für mich selbst." Diese einfache Handlung wird eine große Wirkung auf Sie ausüben, die Ihren Gedanken mehr Kraft und Durchsetzungsvermögen verleiht. Sie wird zum Sprungbrett in den Erfolg. Verlieren Sie Ihren Glaubenssatz nicht mehr aus den Augen – er ist Ihre Formel für Erfolg. Befestigen Sie diese Formel an einer Stelle, wo sie Ihnen jeden Tag immer wieder ins Auge fällt, und hören Sie nicht auf, sie regelmäßig zu wiederholen.

Meine Version von Erfolg:

2. Eine andere **Methode, mit der Sie den Erfolg fest in Ihrem Leben verankern können,** ist, einzelne Wort immer wieder zu wiederholen. So teilen beispielsweise viele erfolgreiche Menschen folgende Eigenschaften – sie sind:

| | |
|---|---|
| beharrlich | begeisterungsfähig |
| energiegeladen | kühn |
| intuitiv | überzeugend |
| durchsetzungsfähig | gerne lustig |
| voller Selbstvertrauen | phantasievoll |
| fleißig | optimistisch |
| scharfsinnig | verläßlich |
| wagemutig | entspannt |

Wählen Sie ein Wort, das eine Eigenschaft beschreibt, die Sie in sich stärken wollen, und wiederholen Sie das Wort immer wieder während des Tages. Oder sagen Sie zu sich: „Ich bin ..." Diese Technik ist sehr wirkungsvoll.

Ich bin ...

74

3. **Stellen Sie eine Liste der Eigenschaften zusammen, die Sie bei sich weiterentwickeln wollen, indem Sie auf der oberen Liste aufbauen.** Wählen Sie dazu Eigenschaften aus, an denen Sie am meisten arbeiten müssen. (Denken Sie daran, immer eine positive Wortwahl zu treffen.) Beschäftigen Sie sich immer mit einer nach der anderen, und fangen Sie mit Ihrer größten Schwäche an. Spüren Sie, wieviel stärker Sie bald werden.

Eigenschaften, die ich bei mir entwickeln möchte:

1.

2.

3.

...

4. Wiederholen Sie für sich immer wieder: Jeden Tag geht es mir in jeder Hinsicht besser und besser.

# Kapitel 3

## Geistige Blockaden überwinden

*Um Erfolg zu haben, muß ein Verlangen danach in uns brennen, das so stark ist, daß es unser Unterbewußtsein erreicht und durchdringt.*
KAZUO INAMORI, Begründer und Aufsichtsratsvorsitzender von zwei der erfolgreichsten Firmen in Japan und Autor von *Erfolg aus Leidenschaft*

Vielleicht ist der einzig wirklich wichtige Rat, den Sie brauchen, um sich den Erfolg aufzubauen, den Sie sich wünschen, folgender: *Um Erfolg zu haben, muß ein Verlangen danach in uns brennen, das so stark ist, daß es unser Unterbewußtsein erreicht und durchdringt.* Ist das erst einmal geschehen, haben wir Verbindung zu der unendlichen Macht des Universums, die die Dinge fügt und unser Verlangen unterstützt. Dann können wir in unserem Leben erreichen, was wir wollen, und formen dabei ein neues Selbstbild.

Wenn wir ein neues Selbstbild aufbauen, müssen wir unweigerlich das alte loslassen. Doch dem Menschen fällt ein solcher Wandel nicht leicht. Jeder hat in sich ein gewisses Maß an geistigen Blockaden aufgebaut, die Veränderungen aufhalten, auch solche zum Besseren.

Geistige Hindernisse sind unbewußte Überzeugungen, die durch Erlebnisse in unserem Leben noch verstärkt wurden. Willis Harman zeigt die Stellung unbewußter Überzeugungen in seinem Buch *Bewußt-Sein im Wandel*:

*Das ganze Glaubenssystem eines Menschen ist eine Struktur von Überzeugungen und Erwartungen, die der Mensch als wahr für die Welt, in der er oder sie lebt, annimmt — verbal oder non-verbal, implizit oder explizit, bewußt oder unbewußt. Das Glaubenssystem muß nicht logisch aufgebaut sein; tatsächlich ist es das wahrscheinlich nie.*

Eine der weitverbreitetsten, tiefsitzendsten und hinderlichsten geistigen Blockaden ist die Überzeugung, daß Geld schlecht sei. Das kann meist auf folgende jüdisch-christliche Bibelstelle zurückgeführt werden: „Geld ist die Wurzel allen Übels." Tatsächlich aber lautet der vollstän-

dige Satz: „Die Liebe zum Geld ist die Wurzel allen Übels."
Ohne Zweifel kann die Liebe zum Geld Gier und Selbstsucht fördern. Die Gefahr liegt dabei darin, sich zum Skla-
ven des Geldes zu machen – Geld ist ein ausgezeichneter
Diener, aber ein hinterhältiger und mächtiger Herr. Es
kann verführerisch sein und uns dazu verleiten, daß wir
all unsere Zeit und Kraft zu seinem Erwerb einsetzen.
Dies sollten Sie in Erinnerung behalten, wenn Sie allmählich immer mehr davon verdienen – was ganz sicher geschieht, wenn Sie weiterhin Bücher wie dieses lesen und
die darin beschriebenen geistigen Grundlagen des Erfolgs
in sich aufnehmen, bewußt und unbewußt.

Geld hat in vielen Bereichen unserer Gesellschaft einen
sehr schlechten Ruf, und manche der Gründe, auf denen er
beruht, sind berechtigt. Aber seine Arbeit ordentlich zu
machen – und dafür angemessen entlohnt zu werden – kann
sehr positive Auswirkungen haben, für uns selbst und für
unsere Welt.

Nehmen Sie eine positive Haltung ein zu Geld –

## Geld kann in unserer Welt
## ein mächtiger Helfer zum Guten sein

Durch unsere Arbeit erzeugen wir Ideen, neuartige Produkte, Arbeitsstellen, beeindruckende Kunstwerke, neue Lernwerkzeuge und vieles mehr; die Möglichkeiten sind unendlich. Und diejenigen, die wirklich begreifen, was wahrer Erfolg ist, teilen ihn mit ihrem Umfeld, indem sie humanitäre und viele andere Formen finanzieller und visionärer Hilfe leisten. Es gibt Millionen wohlhabender Leute, die das genaue Gegenteil des skrupellosen Menschen sind, der materiellen Reichtum um seiner selbst Willen sucht, ihn sich gierig aneignet und verschlingt. Es ist wahrscheinlich kein Zufall, daß meist die jeweils reichsten Länder der Erde auch die höchsten Leistungen in kultureller und wissenschaftlicher Hinsicht erbracht haben. Geld gewährt uns die Zeit und Mittel, um uns Leidenschaften zu widmen, die über die menschlichen Grundbedürfnisse hinausgehen, um Dinge zu erschaffen, die so wichtig sein können wie das Überleben selbst.

Geld ist schlicht eine Anerkennung für geleistete Dienste. Die meisten Menschen, die zu Wohlstand gelangen, haben vielen Menschen viele Dienste geleistet und sind dafür angemessen belohnt worden. Walt Disney brachte Freude in das Leben von Millionen Kindern und Erwachsenen. Die Reihe der Beiträge der Reichen zum Wohle ihrer Mitmenschen ist endlos, denn Geld ist Macht – die Macht, jede Menge Gutes in der Welt zu tun.

Henry Ford wurde einst gefragt, was er tun würde, wenn er sein ganzes Vermögen verlöre. Ohne einen Augenblick zu zögern, sagte er, er würde so lange nachdenken, bis er ein anderes menschliches Grundbedürfnis und Wege fände, es günstiger und umfassender zu befriedigen als andere. Er meinte, er wäre innerhalb von fünf Jahren wieder Millionär.

Viele Menschen zeigen eine Abneigung gegen Geld. Diese Abneigung ist jedoch oft nur vorgetäuscht: Nach außen hin werden die Wohlhabenden schlecht gemacht, doch eigentlich werden sie beneidet. Wenn Sie erst angefangen haben, sich einige der Grundsätze aus diesem Buch zu eigen zu machen, und beginnen, der Menschheit jene Dienste zur Verfügung zu stellen, die Ihnen eine beträchtliche Menge Geld einbringen, wird sich Ihre Einstellung gegenüber den reiche Menschen grundlegend ändern – da Sie selbst einer von Ihnen sein werden. Und Sie werden in der Lage sein, mit Ihrem Reichtum jede Menge Gutes für die Menschen zu tun.

Eine andere weitverbreitete geistige Blockade ist die Hemmung, aus dem Rahmen des familiären Hintergrundes und der Erziehung auszubrechen – und z.B. weiter als seine Eltern zu kommen. Natürlich leidet nicht jeder darunter; wir haben schon gesehen, daß Armut auch ein starker Antriebsmotor für Erfolg sein kann. Aber in vielen Fällen ist Armut ein Ausdruck „neurotischer" Prägung – ein eingefahrenes Gleis im Geist, das ins Leere läuft, Spiegelbild eines weitgehend verarmten Selbstbildes. Geistige Blockaden rund um das Thema Geld verdienen verstecken sich in einer großen Anzahl Verkleidungen, die wir enttarnen müssen, wenn wir sie in uns selbst erkennen wollen.

Es ist wichtig, in Ihrem neuen Selbstbild eine positive Haltung zu Geld und Erfolg zu verinnerlichen. Seien Sie sich selbst gegenüber aufmerksam und ehrlich; finden Sie heraus, wo Ihre geistigen Blockaden liegen, und beseitigen

Sie sie. Machen Sie sich die Sie einschränkenden Überzeugungen bewußt, und ändern Sie sie. Ersetzen Sie sie durch positive, tragende Gedanken. *Sowohl Armut als auch Reichtum sind Kinder der Gedanken.*

## Der Geist kennt keine Grenzen

Eine sehr machtvolle Wahrheit, die man gar nicht oft genug wiederholen kann, ist: *Der Geist kennt keine Grenzen, außer jenen, die wir uns selbst setzen.* Wenn wir erst verinnerlicht haben, daß das wahr ist, können wir erfolgreich werden und unser gegenwärtiges und zukünftiges Leben so formen, daß es unseren Erwartungen entspricht. Wenn wir diese Wahrheit auf unser Leben anwenden, werden sich die Umstände entsprechend unseren Vorstellungen ändern, unser Leben wird so, wie wir es uns wünschen.

Wenn Sie Ihre Gedanken in eine positive, aufstrebende Richtung lenken, haben Sie so viel Macht über Ihr Leben, wie in Ihrer Vorstellungskraft liegt. Sorgen Sie dafür, daß Sie jeden Tag etwas Zeit finden, sich neu zu programmieren, sich in kreativer Visualisierung, freier Assoziation, im Tagträumen zu üben. Viele Leute bekommen extrem hohe Gehälter dafür bezahlt, daß sie tagträumen! Unsere lohnendsten Gedanken können beim Tagträumen entstehen, wenn die Phantasie frei strömt oder wenn beim „Brainstorming" zukunftsträchtige Ideen an die Oberfläche treten.

Tagträumer stehen bei „bodenständigen" Menschen, die der Ansicht sind, man müsse dem Leben direkt in die Augen blicken und sein Schicksal hinnehmen, auch wenn es viel zu wünschen übrigläßt, oft in schlechtem Ansehen. Doch gerade diese meist resignierten und eher unglücklichen Menschen vergessen, daß es zwei Arten von Träumern gibt: Die, die keinen Versuch unternehmen, ihre Träume Wirklichkeit werden zu lassen, und die, die um die schöpferische Kraft des Unterbewußtseins wissen und daran glauben. Das sind die Träumer, die konkrete Maßnahmen ergreifen, um ihre Träume wahr werden zu lassen. Das sind die Träumer, die unsere Welt gestalten und die dabei für sich selbst und andere Wohlstand erschaffen.

In *Die sieben geistigen Gesetze des Erfolgs* sagt Deepak Chopra:

*In jeder Absicht und jedem Wunsch liegen der Samen und die Fähigkeit zu ihrer Erfüllung. Absicht und Wunsch haben im Feld der reinen Möglichkeit unendliche Macht, die Dinge zu fügen. Und wenn wir eine Absicht in den fruchtbaren Boden der reinen Möglichkeit versenken, nehmen wir diese unendliche Macht in unseren Dienst.*

Lassen Sie uns prüfen, was Deepak Chopra damit sagt. Wenn Absicht Gedanke ist und unsere Gedanken voller negativer Ansichten über Geld sind (z.B. ich verdiene gerade genug, um herumzukommen, nie reicht es aus), werden wir diese Gedanken zur Realität machen. Wenn wir hingegen unsere Gedanken mit neuen und positiven Ideen und Bildern füllen (z.B. es gibt keine Grenzen, da das Universum unendliche Möglichkeiten birgt), werden wir eben das zur Wirklichkeit werden lassen und so erfolgreich werden, wie wir uns das vorstellen können.

*Stellen Sie sich ganz genau vor, daß Sie alles, was Sie sich wünschen, schon haben, daß alle Ihre Ziele Wirklichkeit geworden sind.* Wie sieht Ihr Leben dann aus? Ein Grund dafür, warum diese Übung der Vorstellungskraft so wirkungsvoll ist, ist, daß das Unterbewußtsein nicht den gleichen Regeln der Zeit unterliegt wie unser Tagesbewußtsein. Ja, Zeit existiert im Unterbewußtsein überhaupt nicht – genausowenig wie in unseren Träumen, die das am leichtesten erkennbare Nebenprodukt unseres Unterbewußtseins sind.

Aus diesem Grunde verfolgen uns Traumata, die wir in früher Kindheit erlebt haben, häufig noch lange in unser Erwachsenenleben hinein. Der logisch denkende Verstand weiß, daß wir uns über die Vergangenheit keine Gedanken mehr machen müssen, doch das Unterbewußtsein erkennt den Unterschied nicht. Deshalb können wir in unseren Phantasien und geistigen Bildern so tun, als sei etwas wahr, und das Unterbewußtsein wird anfangen, das, was wir uns vorstellen, in die Wirklichkeit umzusetzen – ob das, was wir uns vorstellen, nun von unseren geistigen Blockaden diktiert oder unser starkes Verlangen nach dem Besten vom Besten ist.

Das scheint dem zu widersprechen, was wir zuvor über Affirmationen gesagt haben. In unseren Phantasien und geistigen Bildern ist es jedoch sehr wirkungsvoll, sich so genau und detailliert wie möglich vorzustellen, daß wir die Zukunft, die wir anstreben, bereits erschaffen haben.

## Unsere Gedanken werden Wirklichkeit

Alle unsere Gedanken neigen dazu, in unserem Leben Form anzunehmen, wenn sie oft genug wiederholt werden. Deshalb sollten wir unsere Gedanken, wenn wir Erfolg haben wollen, sehr genau beobachten. Denken wir häufig an finanziellen Ärger, laden wir ihn zum Bleiben ein. *Worauf immer Sie Ihre Aufmerksamkeit richten, wofür auch immer Sie Ihre Kräfte verwenden, ist eben das, was mehr werden wird.* Wenn Sie Ihre Gedanken auf das Gute, das Sie wollen, richten, dann laden Sie Fülle, Wohlstand und Erfolg zu sich ein. Wenn Ihre Gedanken aber immer wieder darum kreisen, warum Sie jeden Monat so wenig Geld heimbringen, werden Sie sich weiterhin frustriert und bedürftig fühlen. Stellen Sie sich jedoch vor, wie, wenn Sie regelmäßig eine kleine Summe – und seien es nur zwanzig Mark die Woche – beiseite legen, ihr Konto wächst, bringen Sie Fülle in Ihr Leben, da Ihre Aufmerksamkeit nun von „Mangel" auf „Wachstum" gelenkt wird. Versuchen Sie es, und Sie werden feststellen, wie unterschiedlich es sich anfühlt, wenn Sie sich stärker auf Wachstum konzentrieren als auf Mangel, auf Wohlstand statt auf Armut. Das Unterbewußtsein ist ein weites Feld, das vom universellen Gesetz von Ursache und Wirkung gesteuert wird. So wie wir säen, werden wir ernten. Gedanken und Ansichten sind die Ursache, Fakten und Ereignisse sind die Wirkung.

Viele Menschen neigen eher dazu, sich mit Problemen zu beschäftigen, die sie vermeintlich davon abhalten, ihre Träume in die Realität umzusetzen, statt die Gelegenheiten zu erkennen, die sie ihrem Erfolg näherbringen. Stephen Covey, der Autor von *Die sieben Wege zur Effektivität*, hebt diesen Punkt besonders hervor:

*Gewohnheiten haben eine unglaubliche Schwerkraft. Wie jede Kraft der Natur, kann die Schwerkraft für und gegen uns arbeiten. Die Richtung der Schwerkraft einiger Gewohnheiten kann uns davon abhalten, dahin zu gehen, wohin wir wollen. Tiefsitzende gewohnheitsmäßige Neigungen wie Selbstzweifel, Ungeduld, Kritiklust oder Selbstsucht abzulegen, die die Grundsätze menschlichen Wirkens verletzen, erfordert mehr als ein bißchen Willenskraft und einige kleine Veränderungen in unserem Leben. Es ist eine überwältigende Anstrengung notwendig, um sich aus der Schwerkraft dieser Gewohnheiten zu befreien, aber wenn wir das geschafft haben, gewinnt unsere Freiheit eine völlig neue Dimension.*

*Veränderung – wirkliche Veränderung – kommt von innen nach außen ... Sie entsteht durch einen Angriff auf die Wurzel – das Gewebe unserer Gedanken, die fundamentalen, essentiellen Denkmuster, die unseren Charakter bestimmen und die Linse schaffen, durch die wir die Welt wahrnehmen.*

Erfolgreiche Menschen lassen sich durch ihre Träume inspirieren und konzentrieren sich auf die Mittel, mit denen sie sie Wirklichkeit werden lassen können, nicht auf das, was sie daran hindern könnte. Erfinder sehen ihre Erfindungen. Künstler sehen ihr vollendetes Werk. Erfolgreiche Unternehmer sehen ihr blühendes Geschäft. Visionäre, Sozialarbeiter, ehrenamtlich Tätige sehen eine Gesellschaft, in der sich alles zum Besseren gewandt hat.

Ted Turner, der Begründer eines Medienimperiums, sagt:

„Von einem Visionär erwartet man, daß er eine Vision von der Zukunft hat." Ideen regieren die Welt. Ihre Macht ist sehr groß. Deshalb ist es notwendig, daß wir unseren Geist immer wieder mit Gedanken vom Dienst am Menschen, von Fülle und Erfolg nähren – um uns vom Zug der Schwerkraft unserer negativen Gedanken zu befreien. Allmählich ersetzen wir dann die alten, negativen Gedanken durch ein neues, positives Selbstbild. Jeder Gedanke ist Energie, und durch ein geheimnisvoll wirkendes Gesetz der Anziehung zieht er Gegenstände, Geschöpfe und Umstände ähnlichen Wesens an – wie ein Magnet. Negative Gedanken ziehen negative Erfahrungen an. Positive Gedanken ziehen positive Erfahrungen an.

Leider trifft dieses Gesetz in der Gesellschaft nicht immer auf Gegenliebe. Unser Erziehungssystem fördert im allgemeinen den vernunftgesteuerten und strikt logischen Teil unseres Denkens und vernachlässigt oder bestraft gar seine intuitive und phantasievolle Seite. Die rechte Gehirnhälfte wird nur allzuoft übersehen.

Dabei ist noch nichts Großes je erreicht worden, ohne daß es zuvor eines Menschen Traum gewesen wäre. Ein

Traum ist eine Art innerer Projektion unseres inneren Selbst. Was ist denn genau eine Projektion oder ein Projekt? Wörtlich genommen bedeutet es „ein Teil unseres Selbst, den wir nach vorne werfen". Je positiver und größer das Bild, das wir uns von uns selbst einprogrammieren, desto großartiger sind unsere Träume. Und unsere Träume, so mutig sie auch sein mögen, sind oft viel leichter erreichbar, als wir vielleicht im Augenblick glauben können.

Steven Spielberg träumte einst davon, einen bestimmten Film zu machen. Er hatte das Drehbuch, benötigte aber einen Produzenten, um den Film zu finanzieren. Eines Tages, als er am Strand entlanglief, traf er „zufällig" einen reichen Mann, der bereit war, in junge Filmemacher zu investieren. Mit dem Geld, das Steven Spielberg von diesem Produzenten, der damals ein völlig Fremder für ihn war, erhielt, konnte er den Film *Amblin* drehen, der ihm eine Würdigung beim Filmfest in Venedig einbrachte und in Hollywood die Aufmerksamkeit auf sich zog.

So arbeitet das Unbewußte oft, wenn es ein Problem löst: Wir haben eine Zufallsbegegnung, lesen einen Artikel oder sehen etwas im Fernsehen, das uns eine Lösung für unser

Problem aufzeigt, oder unsere Familie oder Freunde tragen in irgendeiner Form zu unserem Erfolg bei – manchmal auf eine Art und Weise, die uns zu dem Zeitpunkt noch gar nicht bewußt ist.

Wenn einige im Glauben, daß wir uns den Gegebenheiten fügen müssen, auf das Schicksal oder auf schwierige Umstände verweisen, halten wir dagegen, daß die Welt auf geistiger und materieller Ebene von Ursache und Wirkung regiert wird. Wir erschaffen unser Schicksal selbst, da es das Ergebnis unserer Gedanken und Handlungen ist. Das Gleiche gilt für Glück und Unglück. Auch sie sind Folgen unserer Gedanken und Handlungen. Wir sind unseres eigenen Glückes oder Unglücks Schmied. Das ist der Grund, warum Menschen, die die Gesetze des Geistes und des Erfolgs richtig erlernen und anzuwenden wissen, ihr eigenes positives Schicksal erschaffen können.

Das größte Geheimnis des Erfolgs ist nicht deshalb ein Geheimnis, weil jeder versucht, es geheimzuhalten, sondern weil es nur wenige wirklich verstehen können. Dieses Geheimnis kann Ihnen in wenigen schlichten Worten anvertraut werden und der Erfolg ist Ihrer, wenn Sie diese Worte verinnerlichen: *Der menschliche Geist kann alles vollbringen, wenn er daran glaubt.*

Hier noch eine andere Formulierung, um es auf den Punkt zu bringen: *Wenn Sie glauben, Sie können, oder wenn Sie glauben, Sie können nicht, haben Sie beide Male recht.*

## Arbeitsteil zu Kapitel 3

Folgendes können Sie tun, um eine positive Einstellung gegenüber Geld und Erfolg zu gewinnen:

1. **Finden Sie heraus, worin Ihre geistigen Blockaden gegen Geld und Erfolg bestehen.** Erforschen Sie Ihre Beziehung zu Geld – ist sie positiv oder negativ? Während Sie sich bewußt machen, was Sie in bezug auf Geld denken, schreiben Sie es auf. Denken Sie darüber nach, warum Sie in eine bestimmte Richtung denken oder an bestimmte Dinge glauben. Lassen Sie dann alle alten Denkmuster los, die Ihre größten Träume nicht unterstützen.

Was denke ich über Geld und Erfolg?

Was möchte ich daran ändern?

Versuchen Sie, einen zusammenfassenden oder konkreten Satz zu finden, den Sie in Zukunft immer dann einsetzen können, wenn Ihre Gedanken noch in Richtung Mangel abwandern:

2. **Beobachten Sie Ihre Gedanken genau.** Konzentrieren Sie sich auf das Gute, das Sie sich wünschen. Öffnen Sie sich für Fülle, Wohlstand und Erfolg in Ihrem Leben. Vielleicht möchten Sie ein Bankkonto eröffnen, auf das Sie jede Woche eine kleine Summe einzahlen. Wann immer ihre Gedanken nun darum kreisen, wie wenig Sie haben, unternehmen Sie eine bewußte Anstrengung, an Ihr neues Konto zu denken und sein unvermeidliches Wachstum über die Jahre, in denen Sie stetig weiter einzahlen. Sie werden den Unterschied bemerken zwischen Gedanken, die sich auf „Wachstum und Fülle" richten, und Gedanken, die um „Mangel" kreisen. Allmählich wird Ihre Aufmerksamkeit von alleine in die neue Richtung gelenkt. Sie können alle Ihre Gedanken auf diese Weise umlenken.

Wie kann ich Fülle in mein Leben bringen? Formulieren Sie dazu drei (oder mehr) konkrete Schritte:

3. **Programmieren Sie Ihre Gedanken neu.** Machen Sie einige Übungen aus diesem Buch. Sorgen Sie dafür, daß Sie jeden Tag Zeit haben, sich in kreativer Visualisierung, freier Assoziation und im Tagträumen zu üben. Füllen Sie Ihren Geist in einem entspannten Zustand mit neuen und positiven Bildern. Lassen Sie Ihre Phantasie schweifen und stellen Sie sich vor, wie es ist, wenn Sie den größten Erfolg haben, den Sie sich vorstellen können. Stellen Sie sich vor und fühlen Sie, wie es ist, Ihre Ziele schon erreicht zu haben. Wiederholen Sie das jeden Tag, Woche für Woche. Sie werden erleben, wie sich so manche positive Veränderung in Ihrem Leben ereignet.

Bauen Sie sich ein „Luftschloß", lassen Sie Bilder einer idealen Zukunft in sich aufsteigen:

(Mehr Platz für Ihre Notizen finden Sie auf den Seiten 188 – 191)

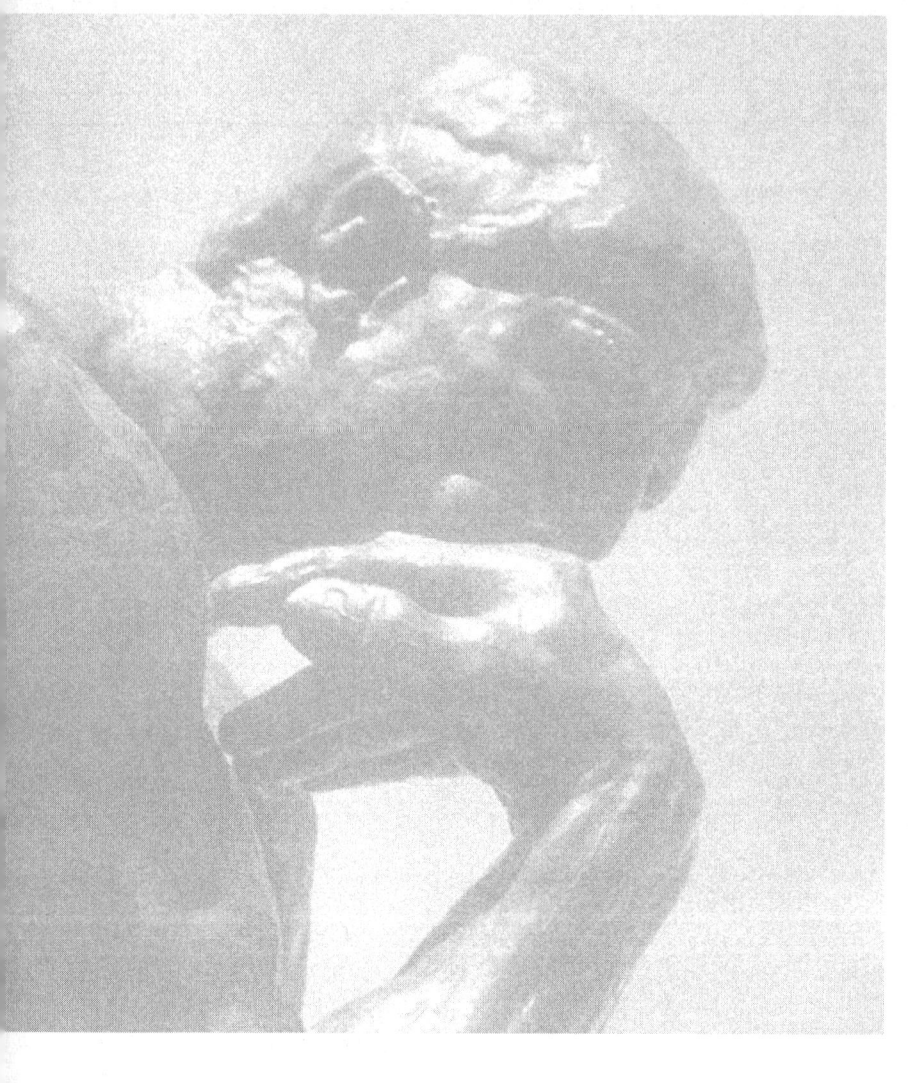

# Kapitel 4

## Entscheidungen fällen

*Eine unserer größten Gaben ist die Intuition.*
*Es ist ein sechster Sinn, den wir alle haben – wir müssen nur*
*lernen, den Zugang dazu zu finden, ihn anzuzapfen*
*und ihm zu vertrauen.*
DONNA KARAN, Designerin und Geschäftsführerin des
internationalen Modeimperiums DKNY

Einen Traum zu haben und Vertrauen in sich selbst ist
das eine – aber wie sollen Sie wissen, ob Ihr Traum eine gute
Idee ist oder ob Sie vielleicht einen folgenschweren Fehler
machen? Wir werden ständig gefordert, Entscheidungen zu
fällen, ob wir auf der Suche nach einer neuen Stelle sind,
eine Laufbahn wählen, ein Projekt unterstützen oder eine
Investition tätigen.

Eine falsche Entscheidung für das Geschäft oder in Ihrer
Laufbahn kann, wenn sie auch sicherlich nicht „tödlich" ist,
so doch einen schmerzhaften Rückschlag bedeuten. Wir

können lernen, mehr richtige als falsche Entscheidungen zu treffen. Es ist beruhigend zu wissen, daß die meisten erfolgreichen Menschen nicht glauben, daß diese Fähigkeit angeboren ist, sondern daß sie erworben und ausgebaut werden kann. Diese Fähigkeit ist jedem zugänglich, der sich die Zeit nimmt und die Energie einsetzt, sie zu entwickeln.

Manche Pläne sind einfach nicht umsetzbar. Mark McCormack, der Autor von *Was Sie an der Harvard Business School nicht lernen*, liefert dafür ein amüsantes Beispiel:

*Eine Hundefutterfirma hielt ihre jährliche Verkaufskonferenz. Im Laufe der Tagung hörte sich der Aufsichtsratsvorsitzende des Unternehmens geduldig an, wie sein Werbeleiter eine neue Verkaufsidee für die Vertriebspartner in den Läden vorstellte, die „den Geschäftszweig revolutionieren" würde, und sein Verkaufsleiter lobte die Tugenden der „verdammt besten Verkaufsmannschaft unter den Mitbewerbern". Schließlich war der Aufsichtsratsvorsitzende an der Reihe, zum Podium zu gehen und einige abschließende Bemerkungen zu machen.*

*„In den letzten Tagen", begann er, „haben wir von allen unseren Abteilungsleitern gehört, was sie für wundervolle Pläne für*

*das kommende Jahr haben. Nun, da wir zum Ende kommen,
habe ich nur eine Frage. Wenn wir die beste Werbung, das beste
Marketing, die beste Verkaufsmannschaft haben, wie kommt es
dann, daß wir, verdammt noch mal, weniger Hundefutter verkaufen, als jeder andere Mitbewerber?"*

*Vollkommene Stille senkte sich über den Sitzungssaal. Nach
einiger Zeit, die wie eine Ewigkeit wirkte, meldete sich schließlich eine leise Stimme aus dem hinteren Teil des Raumes: „Weil
die Hunde es* hassen."

Das beste Marketing der Welt kann bei einem minder-
wertigen Produkt oder bei einer Dienstleistung, für die es
keinen Bedarf gibt, nichts bewirken. Wie können wir erkennen, ob unsere Idee überlebensfähig ist oder nicht? Dazu
müssen wir lernen, Zugang zu unserer Intuition zu bekommen, auf ihre Stimme zu hören und ihr zu vertrauen.

Während die Gebrüder Wright ihr Flugzeug erfanden,
wurden wissenschaftliche Studien erstellt, die belegen sollten, daß ein Körper, der schwerer ist als Luft, unmöglich
fliegen kann. Und Ray Krocs Freunde glaubten, daß die
Idee, in den Verkauf von billigen Hamburgern einzustei-

gen, völliger Wahnsinn sei. Wir sollten unsere Fähigkeit ausbauen, dort Möglichkeiten zu sehen, wo andere nur Schwierigkeiten finden oder sogar vor der Hürde der Unmöglichkeit zu stehen glauben. Sam Walton, Gründer und Vorsitzender von Wal-Mart*, erklärt in seinem Buch *Made in America*, wie es ihm half, als er aus Notwendigkeit heraus gezwungen war, Gelegenheiten wahrzunehmen, und damit seinem Unternehmen zu dem großen Erfolg brachte, den es heute hat:

*Viele unserer Gelegenheiten werden aus der Notwendigkeit heraus geboren. Die Dinge, die wir gezwungen waren zu tun, weil wir unterfinanziert und mit ungenügend Kapital ausgerüstet in fernab liegenden, kleinen Gemeinden angefangen haben, trug prägend zu der Art unseres Wachstums als Unternehmen bei.*

Weil Walton die Fähigkeit hatte, Möglichkeiten zu sehen, wo andere nur Schwierigkeiten fanden oder Hürden, die sie niemals überwinden zu können meinten, wuchs sein Unternehmen und wächst weiterhin prächtig.

*große US-Einzelhandelskette

Dies ist ein weiterer Schlüssel zum Erfolg, und es lohnt sich, sich darüber einige Gedanken zu machen.

## Suchen Sie nach Möglichkeiten, wo andere nur Schwierigkeiten finden

Eines Tages, vor etwa fünfzig Jahren, machte ein Mann ein Foto von seiner kleinen Tochter, und sie fragte ihn, warum sie warten müßten, bis sie die Bilder sehen könnten. Diese naive Frage schlug den Erfinder Erwin H. Land in ihren Bann. Alle seine Freunde aus der Wissenschaft sagten ihm, sein Traum sei unmöglich zu verwirklichen und sein Plan außerdem reine Geldverschwendung. Im November 1948 lag die erste 60-Sekunden-Polaroidkamera in Boston zum Verkauf aus und erzeugte einen wahren Kundenansturm.

Wie oft haben Sie andere Leute die Augenbrauen hochziehen sehen, wenn Sie über eine Ihrer scheinbar unmöglichen Ideen sprachen? Wie oft haben Sie etwas als unwahrscheinlich oder unmöglich zu erreichen erachtet, bis Sie merkten, daß das Gegenteil der Fall war? Aus „Vernunftgründen" oder, weit öfter, aufgrund eines versteckten Mangels an Selbstvertrauen, lassen wir häufig unsere Träume fahren und trösten uns mit dem Gedanken, daß es sowieso nicht funktioniert hätte. Dieses Problem ist direkt mit unserem Selbstbild verknüpft. Je besser das Bild, das wir von uns selbst haben, desto wahrscheinlicher ist es, daß wir in der Lage sein werden zu erkennen, daß es eine ganze Reihe von Möglichkeiten gibt, und desto wahrscheinlicher ist es, daß wir das notwendige Risiko auf uns nehmen, Gelegenheiten, die wir erkennen, zu nutzen.

Viele unverwirklichte Pläne und Ideen sind von sich aus weder realisierbar noch unmöglich. Was über ihren Erfolg oder Mißerfolg entscheidet, wenn wir beginnen sie umzusetzen, ist die Menge und die Qualität der Energie, die wir einsetzen. Sie werden nämlich durch die schiere Lebenskraft und Energie, die in sie investiert werden, zum Leben erweckt und lebensfähig. Menschen mit einem positiven, gesunden Selbstbild sind wie Elektrizitätskraftwerke, für sie ist es ein leichtes, aus den unbegrenzten Reserven ihres Unterbewußtseins zu schöpfen. Sie können Hundefutter entwickeln, das Hunde lieben.

Eine Schwäche vieler, die zögern, einen Plan auszuführen, ist, daß sie im Vorfeld versuchen, sich alle möglichen Hindernisse, auf die sie treffen könnten, vorzustellen. Eine ziemlich lähmende Einstellung. Dabei übersehen diese Menschen, daß sie die Hilfsmittel zur Hand haben, mit denen sie diese Probleme beseitigen können. Eine wesentlich geschicktere und wirksamere Annäherung bietet sich, wenn wir unsere Aufmerksamkeit auf all die Gründe richten, die wahrscheinlich dazu beitragen, daß wir Erfolg haben werden, anstatt alle eventuellen Hindernisse heraufzubeschwören. Natürlich sollten wir dennoch alles, was dafür und was dagegen spricht, abwägen. Oft geschieht es jedoch, daß sich jemand, obwohl zehn gute Gründe für eine Sache sprechen, wegen eines einzigen Gegenarguments schon vom Versuch abbringen läßt. Solch ein Verhalten ist auf eine negative Programmierung zurückzuführen, die nach dem Gesetz, daß sich gleiches gern zu gleichem gesellt, ein fruchtbarer Boden ist, auf dem ein einziger Hinderungsgrund Wurzeln schlagen kann. Die Konzentration auf das Negative kann unsere Urteilsfähigkeit beeinträchtigen und unsere Handlungsfähigkeit lähmen.

Natürlich ist es sehr wichtig, im Vorfeld so viel wie möglich über alles zu lernen, was zur Umsetzung eines Plans, zur Bewerbung um ein Stellenangebot oder zu einem Geschäft dazugehört. Doch es gibt immer Unwägbarkeiten. Auch die detaillierteste und ausgeklügeltste Analyse wird nie alle Eventualitäten ausschließen können. Studien, die von Unternehmen und Einzelpersonen in Auftrag gegeben werden, bestätigen oft deren ursprüngliche Ansichten. Fakten können nicht den Platz der Intuition einnehmen. Wir sollten herausfinden, wie wir die Fakten zu deuten haben und unsere eigenen Schlüsse aus den Daten ziehen, indem wir uns von der inneren Eingebung führen lassen.

### Vertrauen Sie Ihrer Intuition

Die Fähigkeit, Ihrem sechsten Sinn – Ihrer inneren Eingebung – zu vertrauen und sich darauf zu verlassen, ist der Dreh- und Angelpunkt des Erfolgs. Dieser sechste Sinn kann so verstärkt werden, daß er zur zweiten Natur wird und Sie in die Lage versetzt, verläßlichere Entscheidungen zu fällen. Kann ein Plan Ihrem Gefühl nach funktionieren, dann sind

Sie aufgeregt und er „fühlt sich gut an". Wenn Ihnen Ihr Plan keinen Energiestoß versetzt, ist es besser, er macht Platz für einen anderen – einen, von dem Sie überzeugt sind und der Sie in Aufregung versetzt.

Jetzt ist es an der Zeit, Ihren Verstand umzuerziehen und ihm zu vermitteln, daß Ihre Intuition eine wertvolle Quelle der Information und Orientierung ist. Sie können Ihrem Verstand beibringen, daß er der Stimme Ihrer inneren Eingebung zuhört und das, was sie vermittelt, in klare Worte faßt. Der Verstand ist von Natur aus sehr diszipliniert. Diese Disziplin kann Ihnen dabei helfen, Ihr intuitives Selbst um Anweisung anzugehen und sie zu erhalten.

Wie wissen Sie, wann Sie eine Entscheidung fällen müssen? Und wie wissen Sie, ob Sie eine Situation ausreichend geprüft und alle notwendigen Fakten zur Verfügung haben? Die Antwort wird Ihnen Ihr Unterbewußtsein eingeben, wenn Sie ihm vertrauen und folgenden Satz wiederholen: „Die richtige Antwort wird mir erscheinen, ganz leicht und mühelos." Oder: „Meine innere Führung wird mir die richtige Antwort eingeben." Finden Sie für sich die Worte, die sich für Sie am besten anfühlen. Mit dieser Art von Affir-

107

mation bekommen Sie Zugang zu Wissen und Weisheit Ihrer Intuition.

Shakti Gawain umreißt in *Leben im Licht* eine einfache Methode, wie Sie lernen können, Ihrer Intuition zu vertrauen:

*Was bedeutet es, Ihrer Intuition zu vertrauen? ... Es bedeutet, in jeder Lage auf Ihren „Bauch" zu hören – jenem tiefsten inneren Gefühl für die für Sie richtige Wahrheit – und ihm gemäß zu handeln, in jedem Augenblick. Manchmal kann es geschehen, daß Ihnen diese Botschaften aus dem „Bauch" sagen, daß Sie etwas Unerwartetes tun sollen oder etwas, das nicht mit Ihren früheren Plänen übereinstimmt; es kann sein, daß Sie von Ihnen verlangen, einer Ahnung zu vertrauen, die unlogisch erscheint; es kann geschehen, daß Sie sich als gefühlsmäßig verletzlicher erleben, als Sie es gewohnt sind; möglicherweise bringen Sie Gedanken, Empfindungen oder Ansichten zum Ausdruck, die Ihren üblichen Überzeugungen fremd sind; vielleicht fordern sie Sie auf, einem Traum oder einem Hirngespinst zu folgen, oder ein finanzielles Risiko einzugehen, wenn Sie etwas vorhaben, bei dem Sie das Gefühl haben, daß es wichtig für Sie ist ...*

*Wie Sie das tun? ... Seiner inneren Eingebung zu vertrauen ist ein Handwerk, und wie bei jedem Handwerk benötigen Sie Übung, um es zu meistern. Ihre Intuition liegt immer 100 Prozent richtig, aber es erfordert einige Zeit, bis Sie gelernt haben, ihr richtig zuzuhören.*

*Es ist oft schwierig, die „Stimme" unserer Intuition von den vielen anderen „Stimmen", die in uns zu uns sprechen, zu unterscheiden: die Stimme unseres Gewissens, die Stimmen unserer alten Programmierungen und Überzeugungen, die Meinungen, Ängste und Zweifel anderer Menschen, verstandesgesteuerte Kopfgeburten und „gute Ideen".*

*Unglücklicherweise gibt es keine todsichere Art, die echte Stimme oder die echten Empfindungen Ihrer Intuition von all den anderen Stimmen zu unterscheiden. Der erste Schritt ist, darauf zu achten, was Sie in sich fühlen, was in Ihrem inneren Dialog abläuft. So kann es beispielsweise sein, daß Sie das Gefühl haben: „Ich möchte Jim anrufen." Sofort erhebt sich eine zweifelnde Stimme, die sagt: „Warum um diese Tageszeit anrufen? Wahrscheinlich ist er gar nicht zu Hause", und automatisch überhören Sie Ihren ursprünglichen Impuls anzurufen. Was, wenn Sie ihn angerufen hätten? Was, wenn Sie ihn zu Hause angetroffen und herausgefunden hätten, daß er Ihnen etwas Wichtiges mitteilen wollte?*

*Wenn Sie sich allmählich des stillen Zwiegesprächs zwischen Ihrer Intuition und Ihren anderen inneren Stimmen bewußt werden, ist es sehr wichtig, daß Sie sich nicht selbst niedermachen oder die Erfahrung herabsetzen. Versuchen Sie, ein objektiver Beobachter zu bleiben. Schauen Sie, was geschieht, wenn Sie Ihrer inneren Eingebung folgen. Meistens hat das zum Ergebnis, daß Sie mehr Energie und Kraft zur Verfügung haben und das Gefühl, daß die Dinge im Fluß sind. Und prüfen Sie im Gegenzug, was passiert, wenn Sie an Ihren Gefühlen zweifeln, sie unterdrücken oder ihnen entgegenhandeln. Jedesmal werden Sie weniger Energie verspüren, sich schwach oder hilflos fühlen und auf Gefühls- und/oder Körperebene Schmerzen haben.*

Und hier eine andere wirksame Methode, die Sie anwenden können, wenn Sie eine Entscheidung zu fällen haben: Werfen Sie eine Münze. Wahrscheinlich glauben Sie jetzt, das wäre ein Scherz, doch eine Münze zu werfen ist ein altbewährtes Mittel, mit dem Sie mit Ihrem Unterbewußtsein in Verbindung treten können. Legen Sie fest, welche Seite was bedeutet, und werfen Sie eine Münze. Prüfen Sie Ihre Reaktionen. Wenn sie Kopf zeigt und Ihnen damit sagt, daß Sie Ihren Plan weiter verfolgen sollen und Sie darüber enttäuscht sind, dann wahrscheinlich deshalb, weil Sie nicht wirklich an ihn glauben oder ihn verwirklichen wollen. Zeigt sie Zahl und Sie sind enttäuscht, dann sollten Sie Ihren Weg weitergehen. Sind Sie jedoch glücklich mit dem Ergebnis, haben Sie Ihre Antwort. Der Trick dabei ist, die Antworten nicht als endgültig zu betrachten, sondern sie als Entscheidungshilfen zu verwenden – sie helfen Ihnen dabei intuitiv herauszufinden, welche Seite Sie wirklich vorziehen.

Wenn Sie allmählich lernen, gemäß Ihrer inneren Eingebung zu leben, hören Sie auf, Entscheidungen mit dem Kopf zu fällen. Entsprechend Ihrem Gefühl handeln Sie aus dem Augenblick heraus und lassen zu, daß sich die Dinge entlang Ihres Weges entfalten. Auf diese Weise gehen Sie in die richtige Richtung. Ihre Entscheidungen fallen leicht und von selbst.

Wenn es Ihnen schwerfällt, eine Entscheidung zu treffen, machen Sie eine Pause. Diese Pause kann eine Minute, eine

Stunde, einen Tag oder länger andauern. Gewähren Sie sich Zeit, die Fakten zu überdenken, und legen Sie dann eine Frist fest: „Um 15.00 Uhr werde ich dem Vorstand meine Entscheidung mitteilen." Der Zeitrahmen wird den Prozeß Ihrer intuitiven Entscheidungsfindung beschleunigen.

Eine andere altbewährte Lösung ist, noch einmal darüber zu schlafen. „Der Schlaf ist die Mutter aller Ratschläge."* Dieses alte Sprichwort enthält viel Weisheit, denn im Schlaf ist es uns ein leichtes, Verbindung mit unserem Unterbewußtsein aufzunehmen. So viele Probleme, die am Abend noch unlösbar erschienen, lösen sich über Nacht einfach auf; das Morgenlicht bringt Klarheit und die Lösung erscheint offensichtlich.

Wenn Sie sich einem Problem gegenübergestellt sehen oder eine Idee haben oder Ihnen eine Gelegenheit geboten wird, ist eine andere lohnenswerte Technik, sich eine Liste aller Vor- und Nachteile zu machen. Das scheint zu einfach, ist aber höchst wirksam. Wenn die Waage sofort zugunsten einer Seite ausschlägt, ist Ihre Entscheidung einfach. Wiegen sich die Vor- und Nachteile jedoch gegeneinander auf, überlassen Sie die Entscheidung ruhig Ihrem Unterbewußt-

*direkte Übersetzung ohne dt. Entsprechung

sein. Es wird die richtige Antwort finden.

Noch etwas: Wenn die Vor- und Nachteile einander aufwiegen, kann das anzeigen, daß Ihr Plan auf Schwierigkeiten stoßen wird. Zweifel kann nach und nach Ihre Begeisterung und Ihr Selbstvertrauen unterminieren. Wenn Sie an ein Projekt nur halbherzig glauben, dann werden die Ergebnisse Ihren Erwartungen entsprechen.

### Der richtige Zeitpunkt ist jetzt

Viele Menschen machen den Fehler, daß sie auf den „richtigen Zeitpunkt" warten. Das ist nur eine weitere Form der Ausflucht. Der richtige Zeitpunkt, um anzufangen, erfolgreich zu sein, ist jetzt, in genau diesem Augenblick. Machen Sie einen Plan von dem, was Sie erreichen möchten, machen Sie den Telefonanruf, an den Sie dachten, oder schreiben Sie den Brief, den Sie schreiben wollten. Machen Sie es jetzt.

Eine tiefsitzende Schwäche, die dazu führt, daß viele Leute ein unerfülltes Leben haben, ist das Zaudern. Zeit ist ein wichtiger Bestandteil eines jeden Traums. Eine Idee, die heute glänzenden Erfolg haben kann, kann in einem Jahr schon nichts mehr bewirken. Ein Telefonanruf kann im einen Augenblick Wunder bewirken und im nächsten zu nichts führen. Die beste Entscheidung ist fast immer, *es jetzt zu tun*.

Alle erfolgreichen Menschen haben die Fähigkeit entwickelt, Entscheidungen zu fällen und ohne zu zögern ihnen entsprechend zu handeln. „Hast hört nicht auf guten Rat."* – so sagt ein Sprichwort. Doch Zaudern und Zagen verursachen sicher häufig mehr Schaden als manche hastig gefällte Entscheidung.

### Bleiben Sie bei Ihrer Entscheidung

Eine andere bezeichnende Eigenschaft erfolgreicher Menschen ist, daß sie ihren Entscheidungen treu bleiben, unabhängig von den Umständen, vergangenen Niederlagen, zeitweisen Rückschlägen oder Meinungen anderer.

Wenn Sie bei Ihrer Entscheidung bleiben, bestätigen Sie Ihrem Unterbewußtsein, daß Sie sicher sind, das richtige Ziel im Auge zu haben. Diejenigen, die häufig ihre Meinung ändern, legen sich selbst die größten Hindernisse in den Weg. Unentschlossenheit ist Anzeichen für

*direkte Übersetzung ohne dt. Entsprechung

einen Geisteszustand, der vom Zweifel beherrscht wird. Wie wir gesehen haben, spiegeln die Lebensumstände unsere inneren Gedanken, und Zweifel führt dementsprechend meist direkt zu Mißerfolg. Folgerichtig hängt Erfolg von zwei wichtigen Faktoren ab: *Erstens, fällen Sie klare Entscheidungen, und zweitens, bleiben Sie ihnen treu, wenn Sie zur Tat schreiten.*

Sie sollten bei Ihren Entscheidungen bleiben, aber dennoch wissen, wann Umdenken angebracht ist. Darin liegt kein Widerspruch, denn in beiden Fällen werden Sie die Führung erhalten, die Sie brauchen, wenn Sie Ihrer inneren Eingebung folgen. Auch die klügsten Unternehmer haben Entscheidungen getroffen, die sie an Orte führten, die Sie nicht vorausgeahnt hatten. Es ist deshalb wesentlich, nicht unflexibel zu sein. Ein Schlüssel zum Erfolg ist, die zarte Balance zwischen Beharrlichkeit und Flexibilität zu finden.

## Geben Sie nicht zu schnell auf

Viele Menschen haben keinen Erfolg, weil sie *viel* zu früh aufgeben. Sie werfen bereits nach ein oder zwei Niederlagen

115

das Handtuch. Stolz oder mangelndes Selbstvertrauen füh-ren dazu, daß Menschen zu schnell aussteigen. Colonel Sanders versuchte dutzendmal seine Hühnchen zu verkau-fen, bevor er schließlich Erfolg hatte. Ein Ingenieur bei Head, einer Sportartikelfirma, machte 43 Versuche, bevor ihm Er-folg bei der Entwicklung eines Metallskis beschieden war. Wenn er nach zwölf oder sogar nach 42 Versuchen aufgege-ben hätte, hätte jemand anderes den Ski erfunden.

Alle großen Erfolgsbiographien sind mit Niederlagen durchsetzt. Menschen mit positiver Einstellung lassen sich nicht von ersten Fehlschlägen niederdrücken. Und wir ma-chen am Anfang alle Fehler, bis wir herausbekommen, wie etwas funktioniert.

Viele erfolgreiche Menschen sehen die ganze Sache auf eine Art, die eine etwas mystische Betrachtungsweise mit-einbezieht: Das Leben scheint eine Art Prüfung zu sein; wenn Menschen zeigen, daß sie Hindernisse und Niederlagen ungebremst mit Beharrlichkeit und Glauben überwinden können, dann streckt es seine Waffen, und Ruhm und Glück erscheinen, als ob sie durch die Kraft der Vision und der Stärke dieser Menschen herbeigezaubert worden wären.

Viele der erfolgreichsten Menschen machten alle, fast ohne Ausnahme, mehr als einmal Fehler, bevor ihnen Erfolg beschieden war. Aber sie gaben nicht auf. Sie versuchten es immer wieder.

### Lernen Sie aus vergangenen Fehlern

Niemand muß sich schämen, wenn er einen Fehler macht – allerdings ist es Zeit- und Energieverschwendung, den gleichen Fehler zweimal zu machen. Wenn wir uns sorgfältig überlegen, warum wir versagt haben, erlangen wir ein klareres Verständnis dafür, wie wir Erfolg haben können. Auf diese Weise führt uns jeder Mißerfolg näher zum Erfolg.

Entschlossenheit, eine Eigenschaft, die leider bei vielen Menschen nicht in ausreichender Menge vorhanden ist, wird fast immer großzügig belohnt. Sie darf jedoch auf keinen Fall mit blinder Dickköpfigkeit verwechselt werden. Eine große Anpassungsfähigkeit ist einer der Schlüssel zum Erfolg, ebenso wie die Annäherung durch Versuch und Irrtum. Verlassen Sie sich auf Ihre Intuition, schreiten Sie zur Tat und bleiben Sie dran.

Sochiro Honda, Vorsitzender des japanischen Großunternehmens Honda, hält einen wichtigen Punkt fest:

*Wenn die Tage dunkel und düster werden, bedeutet das, daß ich kurz davor bin, den Schatz, nach dem ich auf der Suche bin, zu entdecken. Der große Lichtblitz, der dann hervorbricht, läßt mich augenblicklich die langen Stunden lästiger Arbeit vergessen.*

Wenn wir erst einmal Erfolg erzielt haben, erkennen wir, daß all unsere früheren Fehler ein wesentlicher Bestandteil unserer fortlaufenden Ausbildung waren. Kein Bedauern über die Vergangenheit: Alle unsere Niederlagen haben uns wohlgedient, denn unser Erfolg ist auf dem Verständnis gebaut, das wir durch unsere vergangenen Fehler und Rückschläge erworben haben.

## Arbeitsteil zu Kapitel 4

1. **Was wollen Sie?** Formulieren Sie möglichst einfache Sätze und richten Sie einen klaren Wunsch an Ihr Unterbewußtsein. Schreiben Sie ihn auf. Wiederholen Sie ihn für sich, am besten abends vor dem Schlafengehen. Ihr Unterbewußtsein wird seine grenzenlose Macht beweisen und Sie zu den Menschen, Orten und den Umständen führen, die der Erfüllung Ihres Wunsches dienen.

Was wollen Sie?

Versuchen Sie nun, Ihren größten Wunsch mit einfachen Worten in einem kurzen Satz zu formulieren:

**2. Suchen Sie nach Möglichkeiten, wo andere nur Schwie-rigkeiten sehen.** Suchen Sie nach der Gelegenheit, die in allen Widrigkeiten steckt. Wenn Sie davon überzeugt sind, daß Ihnen jedesmal, wenn es schwierig wird, etwas gezeigt wird, und Sie etwas dazulernen, dann werden Sie schnell Fortschritte machen auf Ihrem Weg zum Erfolg.

Wenn Sie zufällig gerade mit einem Problem kämpfen, probieren Sie diese Methode doch gleich hier einmal aus.

Mein Problem:

Was kann ich daraus lernen?

Welche Möglichkeiten birgt es?

3. **Denken Sie daran, Ihrer Intuition zu vertrauen.** Ein wichtiger Schritt, wenn Sie lernen, auf Ihre innere Eingebung zu hören und ihr zu folgen, ist, einfach regelmäßig „anzuklopfen".

Nehmen Sie sich mindestens zweimal pro Tag einen Augenblick Zeit, zu entspannen und sich auf Ihren „Bauch" einzustellen. Bitten Sie um Hilfe und Führung, wenn Sie sie brauchen, und hören Sie auf die Antworten, die auf vielfältige Weise gegeben werden können: in Worten, Bildern oder Gefühlen, in Ihnen selbst oder in Ihrer Umwelt.

121

# Kapitel 5

## Machen Sie das,
## was Ihnen Freude macht

*Ich glaube, daß wir, wenn wir das Talent
und das Können dazu haben, Anker lichten und Kapitän
unseres eigenen Schicksalsdampfers werden sollten.*
GEORGE LUCAS, Gründer und Vorsitzender
von Lucas Arts

„Ich würde nur zu gerne meine eigene Firma gründen, aber ich habe weder die erforderlichen Fähigkeiten noch das Geld." „Mein Traum war, Schauspieler zu werden, aber meine Eltern lachten nur über die Idee. Statt dessen arbeite ich jetzt für die Regierung." „Mein Job langweilt mich zu Tränen, aber die Arbeitslosigkeit ist so groß und die Firmen entlassen immer mehr Personal, daß ich mir besser keine Illusionen darüber mache, einen besseren zu finden." „Früher habe ich davon geträumt, Rechtsanwalt zu werden, aber das würde Jahre dauern."

Wie oft haben wir solche oder ähnliche Sätze gehört? Wie oft haben Sie vielleicht ähnlich gedacht? Wie viele von zehn Leuten können voller Überzeugung sagen, daß ihnen ihre Arbeit Spaß macht? Unglücklicherweise haben viele keinen Spaß an dem, womit sie ihr Geld verdienen. Sie sind überzeugt davon, daß sie in stumpfsinniger Plackerei feststecken und daß sie nie in der Lage sein werden, Ihre Situation zu ändern. Mit anderen Worten, das Schicksal hat sie vermeintlich zu lebenslänglicher „Mittelmäßigkeit" verurteilt.

Wenn Sie Ihre Arbeit nicht mögen, sollten Sie einmal darüber nachdenken, wie Sie sich fühlen würden, wenn Sie jetzt sterben müßten und nie das getan hätten, was Sie wirklich wollten. Sollten Sie sich nicht viel mehr wert sein?

Nehmen wir einen typischen Tag im Leben vieler Leute: Sie arbeiten acht Stunden in einem Job, an dem sie nicht besonders viel Freude haben, dann schlafen sie acht Stunden. Bleiben acht Stunden, die sie hauptsächlich dazu verwenden, sich zu erholen und die Frustrationen, die sich im Laufe des Tages angehäuft haben, zu vergessen. Ihre Unzufriedenheit wirkt sich auf ihre Beziehungen zu ihren Ehepartnern, Kindern und Freunden aus. Und dennoch machen sie weiter, weil sie glauben, sie müßten.

Viele Menschen schleppen sich montags morgens unwillig zur Arbeit und beobachten die Zeiger der Uhr bis freitags abends, wenn sie endlich die Ketten abwerfen können, die sie über fünf lange, schmerzhafte Tage ertragen mußten. Sie leben nur an zwei von sieben Tagen wirklich, wobei der Samstag im allgemeinen dafür verwendet wird, sich vom Arbeitsstreß zu erholen oder den Erfordernissen des Alltags nach der Arbeit gerecht zu werden, und über dem Sonntag liegt meist schon wieder der Schatten des „Montagmorgen-Blues". Und sie nehmen das als selbstverständlich hin, Jahr um Jahr.

Eine solch passive, resignierte Lebensauffassung kann man bei sich selbst ändern. Nichts zwingt uns dazu, einen Job zu machen, den wir nicht leiden können. Wir können etwas dagegen tun. Für jeden von uns gibt es die passende Arbeit, die uns Erfüllung schenkt. Und genau jetzt ist der richtige Zeitpunkt anzufangen, Ihr Leben umzugestalten. Sollte das Leben etwa so armselig sein, daß es in seiner Absicht liegt, uns ständig zu frustrieren und davon abzuhalten, das zu tun, was wir wirklich wollen? Das Leben ist nicht so grausam. Zumindest muß es das nicht sein. *Die Wahl liegt bei Ihnen*.

## Das Leben gibt uns genau das, was wir von ihm erwarten

Die Überzeugung, daß Träume nicht dazu da sind, um wahr zu werden, hält viele Menschen davon ab zu bekommen, was sie wollen. Ihre Erfahrungen scheinen diese Überzeugung auch zu bestätigen. Sie bekommen genau das vom Leben, was sie davon erwarten: Langeweile, Frustration, Hindernisse und ein geringes Einkommen. Die Menschen sind, was sie glauben zu sein, nicht weniger und nicht mehr.

Normalerweise fangen wir schon sehr früh im Leben an, unsere eigenen Neigungen und Ziele zu verleugnen. Doch um glücklich zu werden und ein erfülltes Leben zu leben, müssen wir wagen, ganz wir selbst zu sein und zu entdekken, was wir wollen, und versuchen, es uns zu erschaffen. Wir sollten aufhören, uns selbst aus Angst, Zweifel oder in Anpassung an ein „normales" Verhalten oder einen „normalen" Lebensstil zu verleugnen. Es ist ein Irrtum zu glauben, daß wir Dinge tun müßten, die uns nicht erfüllen, um unseren Lebensunterhalt zu verdienen.

Tatsächlich ist es so, daß wir, um erfolgreich zu sein, zuallererst das tun sollten, was uns im Leben Spaß macht. Wer keine Freude an seiner Arbeit hat, kann sie nicht wirklich gut machen. Das entspricht einer Gesetzmäßigkeit, denn wenn wir bei einer Sache nicht mit dem ganzen Herzen dabei sind, erleben wir einen spürbaren Energie- und Antriebsverlust. Zwangsläufig sind die Ergebnisse, die wir dann erzielen, eher mittelmäßig, zumindest aber liefern wir eine schlechtere Leistung, als wenn wir voll hinter dem stehen würden, was wir tun. Die Folge davon ist, daß der Chef, der Geschäftspartner oder die Klienten oder Kunden mit dem Erreichten nicht vollkommen zufrieden sein können.

Als unzufriedener Angestellter stehen die Chancen auf diese Weise für eine Beförderung oder eine interessantere Position oder eine wesentliche Gehaltserhöhung eher schlecht. Als unglücklicher Firmeninhaber stehen so die Sterne für ein blühendes Geschäft auch nicht sehr gut. Da wir in den seltensten Fällen alleine arbeiten, kann unsere Unzufriedenheit auch die Kollegen „herunterziehen". Die finanzielle Anerkennung, die wir erhalten, wird das widerspiegeln. Und mit geringer Entlohnung sinkt die Motivation und die Qualität Ihrer Arbeit wird auch nicht besser – ein weiterer Teufelskreis!

Mark McCormack, der Autor von *Was Sie an der Harvard Business School nicht lernen*, stellt dazu folgendes fest:

*Langeweile taucht auf, wenn die Lernkurve flacher wird. Das kann jedem auf jeder Ebene eines Unternehmens geschehen. Tatsächlich passiert es erfolgreichen Menschen, die größere Herausforderungen und stärkere Anregungen brauchen als andere, sogar öfter. Wenn Sie sich langweilen, sind Sie selbst schuld. Sie arbeiten einfach nicht hart genug daran, Ihre Arbeit interessanter zu machen. Das ist vielleicht auch der Grund dafür, warum Ihnen noch nichts Interessanteres angeboten wurde. Finden Sie heraus, was Sie machen möchten, damit werden Sie Erfolg haben.*

### Machen Sie, was Ihnen Spaß macht

Wenn wir so oft betonen, daß Sie Ihre Arbeit lieben müssen, wollen wir damit jedoch nicht behaupten, daß der ideale Job keinerlei Frustrationen, Enttäuschungen und Probleme bereithält. Jeder erfolgreiche Mensch war zeitweise entmutigt, frustriert, ja sogar voller Selbstzweifel. Ihr Traumjob wird nicht jeden Tag der Himmel auf Erden sein. Es ist eher so wie bei der wahren Liebe: Die tiefen Bande, die zwei Menschen zueinander hinziehen und sie zusammenhalten, ermöglichen es ihnen, die Hindernisse und Schwierigkeiten zu überwinden, die auf ihrem Weg auftauchen. Thomas Watson, der Gründer von IBM, formuliert es so: „Machen Sie in Ihrem Herzen Platz für die Arbeit, und stecken Sie etwas Herz in Ihre Arbeit."

Erfolgreiche Menschen werden von ihrer Leidenschaft und ihren Herzen regiert. Sie sind Romantiker, ob in der Kunst oder in der Geschäftswelt. Die Liebe zu ihrer Arbeit und ihr Verlangen, Neues auszuprobieren, neue Herausforderungen anzunehmen, sich neuen Risiken auszusetzen, treibt sie, zur Tat zu schreiten. Sie tragen ihre Träume in ihren Herzen — und sie tun alles in ihrer Macht stehende, sie zu verwirklichen.

## Leidenschaft und Macht

In *Work with Passion*, definiert die Autorin Nancy Anderson Leidenschaft wie folgt:

*Leidenschaft ist intensive emotionale Aufregung. Es ist ein Gefühl, das diejenigen überkommt, die starke Empfindungen für einen Gegenstand, eine Person, ein Ideal oder eine Überzeugung haben. Menschliche Leidenschaften werden entfesselt, um Gutes wie Böses zu schaffen. Es gibt viele Beispiele aus der Geschichte, die belegen, was für einen Unterschied eine von Leidenschaft getriebene Person machen kann. Jede Liebesgeschichte, jede wichtige Veränderung im Laufe der Geschichte – ob gesellschaftlich, wirtschaftlich, philosophisch oder auf dem Gebiet der Kunst – geschah, weil sich* leidenschaftliche *Menschen daran beteiligten.*

*Wir sind alle fähig, intensive emotionale Erregung zu empfinden. Allerdings handeln nur wenige von uns ihren Leidenschaften gemäß. Wir vergraben sie unter anderem, weil wir früh in unserem Leben lächerlich gemacht wurden, wenn unsere Begeisterung nicht auf Sachkenntnis gegründet war. Sobald Sie sich selbst erlauben, das zu fühlen, was auch immer Sie fühlen, wird diese Kraft wieder auftauchen und alle überraschen, die Sie schon vorher kannten. Dann werden Sie gemäß Ihren Gefühlen handeln.*

*Macht ist* die Fähigkeit, Maßnahmen zu ergreifen. *Als Erwachsener wissen Sie, daß Ihre Entscheidungen eine Sache Ihrer Wahl sind. Es ist nicht länger nötig, etwas zu tun, das Sie hassen – es liegt an Ihnen, das zu tun, was Sie wirklich tun wollen. Das ist Macht. Das ist Leidenschaft in Aktion.*

Hier nun eine wichtige Frage, die Sie sich stellen sollten: Wenn Sie zehn Millionen Dollar gewännen, würden Sie Ihren Job weitermachen? Ist Ihre Antwort „ja", herzlichen Glückwunsch! Wenn nicht, dann wäre ein wichtiges Ziel, eine Situation zu schaffen, in der Ihre Antwort „ja" wäre. Nachstehend einige Grundsätze, die Sie diesem Ziel näherbringen:

• Die einzige Art, glücklich und erfolgreich zu sein ist, das zu tun, was Ihnen wirklich Spaß macht. Es gibt für jeden von uns den idealen Job oder die ideale Laufbahn, etwas, das nur wir leisten können und niemand anderer auf die ganz genau gleiche Weise tun kann.

131

- Tun Sie, was immer Sie möchten, aber setzen Sie dabei die notwendige Energie und Entschlossenheit ein.

- Sie allein formen Ihr Schicksal und entscheiden, das zu tun, was Ihnen Spaß macht, egal welche Hindernisse sich Ihnen in den Weg stellen. Das größte Hindernis auf dem Weg zum Erfolg sind meist Sie selbst.
- Trauen Sie sich, das zu tun, was Ihnen Spaß macht. Überwinden Sie Ihre auf Angst begründeten geistigen und emotionalen Blockaden, und der Erfolg ist Ihrer.

William O'Brian von Hanover Insurance (US-amerikanisches Versicherungsunternehmen) drückt es in einem Interview mit Peter M. Senge in *Die fünfte Disziplin* so aus: „Persönliche Erfüllung nur außerhalb der Arbeit zu suchen und den bedeutenden Anteil zu übersehen, den Arbeit in unserem Leben einnimmt, würde heißen, die Anzahl der Gelegenheiten einzuschränken, die wir haben, um glücklich zu sein und uns als vollständige Menschen zu fühlen."

## Werden Sie der Beste in dem, was Sie tun

In seiner Autobiographie sagt Henry Ford: „Ich beschloß entschieden, daß ich nie für ein Unternehmen arbeiten würde, in dem Geld vor Arbeit kommt." Für Ford ist „die einzig wahre Säule eines jeden Geschäfts die Dienstleistung".

Erfolg baut auf Dienstleistung auf. Erfolgreiche Dienstleistung baut allein auf einer Einstellung auf: Dem Bestreben, das Beste zu leisten, was wir können und daran zu arbeiten, in unserem Bereich der Beste zu sein. Zahlreiche erfolgreiche Menschen werden zum Handeln angetrieben durch den Drang, etwas wirklich gut zu machen und etwas zu erreichen, das anderen Menschen helfen wird. Gewinn zu machen ist nicht ihr oberstes Ziel, doch letztendlich machen sie mehr Geld als jene, die hauptsächlich für den Gewinn arbeiten. Steve Jobs, der Gründer von Apple Computers, hat gesagt: „Wir machen das, weil uns der Vorgang, wie schneller gelernt werden kann, tatsächlich interessiert, nicht weil wir Dollars machen wollen."

Wohlstand ist die Belohnung, die wir im Austausch für geleistete Dienste bekommen. Wenn wir die beste Leistung bieten, können wir eine entsprechende Belohnung erwarten. Es macht also sehr viel Sinn, unser Unterbewußtsein so zu programmieren, daß wir innerhalb einer bestimmten Frist die Besten in unserem Bereich werden. Wenn wir uns voll und ganz unserer Begabung widmen – der Leistung, die so nur wir erbringen können – werden wir dafür von ihr reichlich belohnt werden.

## Werden Sie in dem von Ihnen ausgewählten Bereich zur Kapazität

Auch wenn Sie nicht unbedingt Jahre einer formellen Ausbildung absolvieren müssen, ist es jedoch von unschätzbarem Wert, alle Wege zu verfolgen, die Sie zur Kapazität auf Ihrem Gebiet machen. In unserer schnellebigen Welt, wo das neue Computersystem vom letzten Monat heute schon wieder veraltet ist, müssen Sie mit der Entwicklung Schritt halten. Einer der Grundpfeiler des Erfolgs ist, daß Sie sich in Ihrem Arbeitsgebiet gründliches Wissen aneignen oder sich spezialisieren müssen. Denn Wissenslücken sind Hindernisse auf dem Weg zum Erfolg.

Fangen Sie damit an, über die Produkte oder Dienstleistungen nachzudenken, die Sie der Öffentlichkeit anbieten können, bevor Sie nach dem Gewinn schauen. Mit einem guten Produkt oder einer guten Dienstleistung wird sich das Geld von alleine einstellen. Wenn Sie der Beste auf Ihrem Gebiet werden und sich auf Ihre Leistung konzentrieren, wird das Geld folgen. Das ist eine weitere Gesetzmäßigkeit, die bisher noch nicht versagt hat.

### Seien Sie eigenwillig

Eine formelle Ausbildung allein ist kein Garant für Erfolg. Dazu ist etwas mehr erforderlich – ein Funken Eigenwilligkeit oder Kühnheit, was die Schulen meist vergessen zu lehren und manchmal sogar völlig unterdrücken. Viel zu oft wird dort der Denkprozeß in vorgegebene Bahnen gelenkt, und damit die Kreativität unterdrückt, die es uns erlaubt, neue Möglichkeiten zu erkennen und eigenwillige Lösungen zu finden.

Sowohl das Erziehungssystem als auch die Gesellschaft im allgemeinen ersticken unsere eigenen Zielvorstellungen oft schon im Keim. Dieser unselige Prozeß beginnt meist schon früh im Leben. Die sich daraus entwickelnde Angst vor dem Anderssein und das Bedürfnis, uns anzupassen, fördern den Teil der Programmierung unseres Unterbewußtseins, der unseren Träumen, Ideen und Zielen Grenzen auferlegt.

Von Natur aus ahmen wir insbesondere in jungen Jahren das nach, was uns die Menschen unserer Umgebung vorleben. Leider hat das zum Ergebnis, daß die große Mehrheit der Menschen eintönige Jobs, finanzielle Schwierigkeiten und Mittelmäßigkeit „imitiert".

Eine kleine innere Stimme überlebt dennoch in jedem von uns. Schüchtern und besorgt flüstert sie uns zu, daß das, was wir nach außen hin zeigen, nicht echt ist, daß unsere wahre Persönlichkeit versteckt wurde und nicht wirklich ausgelebt wird. Frustration, Niedergeschlagenheit und, in manchen Fällen, gar ein Gefühl von Unlebendigkeit sind einige der Lasten, die wir uns aufladen, wenn wir leugnen, wer wir eigentlich sind und was wir zu bieten haben.

Wenn wir Erfolg haben wollen, dann dürfen, ja müssen wir sogar „anders" sein. Wir müssen durch und durch wir selbst sein und keine Angst davor haben, uns mit unserem wahren Ich zu zeigen und zu behaupten. Wir sind einzigartige Persönlichkeiten mit einem einzigartigen Lebensziel. Jeder von uns ist ein Original.

### Formen Sie Ihre Wünsche zu Absichten und fassen Sie sie in kristallklare Worte

„Ich habe nicht die blasseste Ahnung, was ich wirklich tun will…" Hört sich das vertraut an? Es ist eine sehr weit verbreitete Klage. So viele Menschen sind in Verwirrung verstrickt und gehen trotzdem niemals in sich, um sich die einfachsten Fragen zu stellen – die Art von Fragen, die wir in diesem Buch immer wieder stellen. Die Antworten auf diese Fragen würden ihre Verwirrung augenblicklich lichten. Wenn sich Menschen beklagen, weil sie nicht wissen, was sie mit ihrem Leben anfangen sollen, ist es offensichtlich, daß sie ihre Ziele und ihr wahres Ich jahrelang gar nicht wahrgenommen bzw. unterdrückt haben. Indem sie sich anderer Leute Erwartungen und Lebensauffassungen untergeordnet haben, haben sie vergessen, wer sie wirklich sind, und damit die Saat für ihre Orientierungslosigkeit gelegt.

Jeder, der nicht wirklich weiß, was er oder sie will, und sich keine klar formulierten Ziele setzen kann, wird es schwer haben, wirklich erfolgreich zu werden. Denn: *Wenn wir genau wissen, was wir im Leben machen wollen, wenn die Flamme unseres Verlangens kristallklar brennt, dann werden die Bedingungen, unter denen wir unser Wollen in Wirklichkeit umsetzen können, bald auftauchen.* Oft werden sehr genau umrissene Wünsche fast im Handumdrehen erfüllt.

Ein vollkommen aufrichtiger Wunsch – ohne Zögern, Doppeldeutigkeit und Widersprüchlichkeit geäußert – ist allerdings eher selten. Ungenaue, verworrene Ziele schaffen Durcheinander im Unterbewußtsein. Wenn unsere Ziele unklar sind, werden die Ergebnisse unbestimmt sein. Ein Wandel muß *in unserem Inneren* stattfinden – wir müssen ein klares Bild unserer Ziele und Wünsche zeichnen. Wir müssen sie formen, bis sie klar und eindeutig sind.

Unterschätzen Sie die Bedeutung dieses inneren Wandels nicht. Solange wir nicht wissen, was wir wollen, werden wir es nicht bekommen. Alle erfolgreichen Menschen haben klare Ziele und Absichten. Die Wahl ihrer Laufbahn wurde von einer tiefen inneren Eingebung beeinflußt, die keinen Platz für Zweifel ließ. Einer der wichtigsten Schlüssel zum Erfolg ist deshalb, genau zu wissen, was Sie sein, tun und haben wollen.

Deepak Chopras Worte sind es wert, an dieser Stelle wiederholt zu werden: „In jeder Absicht und in jedem Wunsch liegen der Same und Mechanismus zu ihrer Erfüllung." In *Die sieben geistigen Gesetze des Erfolgs* beleuchtet Chopra Absicht und Wunsch genauer und fügt ein weiteres wichtiges Element für wahren, dauerhaften Erfolg hinzu: *Distanz*.

*Absicht legt das Fundament für den mühelosen, spontanen und reibungslosen Fluß puren Potentials, der seinen Ausdruck sucht aus dem Unmanifestierten hin zum Manifestierten...*

*Absicht ist die wahre Kraft hinter dem Verlangen. Absicht allein ist sehr kraftvoll, weil Absicht Wunsch mit Distanz zum Ergebnis ist. Verlangen allein ist schwach, weil Verlangen in den meisten Menschen Wunsch ohne Distanz ist... Absicht verknüpft mit Verlangen führt zu einer Aufmerksamkeit, die ganz auf das Leben und die Gegenwart konzentriert ist. Und Handlungen, die in diesem Gegenwartsbewußtsein ausgeführt werden, zeigen die größte Wirkung. Ihre* Absicht *ist auf die Zukunft gerichtet, aber Ihre* Aufmerksamkeit *auf die Gegenwart. Solange Ihre Aufmerksamkeit in der Gegenwart bleibt, kann sich Ihre Absicht für die Zukunft manifestieren, denn die Zukunft wird in der Gegenwart geschaffen. Akzeptieren Sie die Gegenwart und richten Sie Ihre Absicht auf die Zukunft. Die Zukunft ist etwas, das Sie durch distanzierte Absicht formen können.*

Verwandeln Sie Ihre Wünsche in ein kristallklares *Verlangen*. Verwandeln Sie Ihr Verlangen in *Absichten*. Wenn Sie erst die Absicht in sich tragen, etwas zu tun, werden neunzig Prozent der vermeintlichen Hindernisse verschwinden – und Sie haben die Mittel, die verbleibenden zehn Prozent zu überwinden. Das ist die Kraft, die der Absicht innewohnt!

Wenn Sie eine vollkommen reine Absicht haben, etwas zu tun, und trotzdem Abstand zum Ergebnis halten, haben Sie eine unfehlbare Formel für Erfolg und Erfüllung.

## Arbeitsteil zu Kapitel 5

Wenn Sie Leidenschaft und Macht zu einem Teil Ihrer Arbeit und Ihres Lebens machen und in dem, was Sie tun, der oder die Beste werden wollen, versuchen Sie es mit folgenden Übungen:

1. **Denken Sie über Ihr gegenwärtiges Leben nach; stellen Sie sich dann vor, wie Sie sich wünschen, daß es sein soll.** Wenn Sie nicht das tun, was Sie gerne tun würden, machen Sie sich eine Liste von allen Gründen, die Ihnen in den Kopf kommen und Ihre Überzeugung stärken, warum Sie nicht das tun können, was Sie wirklich anregt und Ihnen gefällt. Nun gehen Sie Punkt für Punkt durch diese Liste und denken über jeden der Gründe nach. Haben diese Hindernisse wirklich Hand und Fuß? Wenn Sie die in diesem Buch vorgestellten Grundsätze verstehen, dann verstehen Sie auch, daß jedes Hindernis überwunden werden und in eine Gelegenheit verwandelt werden kann. Wenn Sie denken, Sie können, oder wenn Sie denken, Sie können nicht, liegen Sie beide Male richtig.

Schritt 1: Welche Gründe halten mich davon ab, das zu tun, was mir Spaß macht?

Schritt 2: Klopfen Sie die Gründe, die Sie gefunden haben, auf ihre Stichhaltigkeit ab.

Schritt 3: Versuchen Sie, die Hindernisse in Gelegenheiten zu verwandeln.

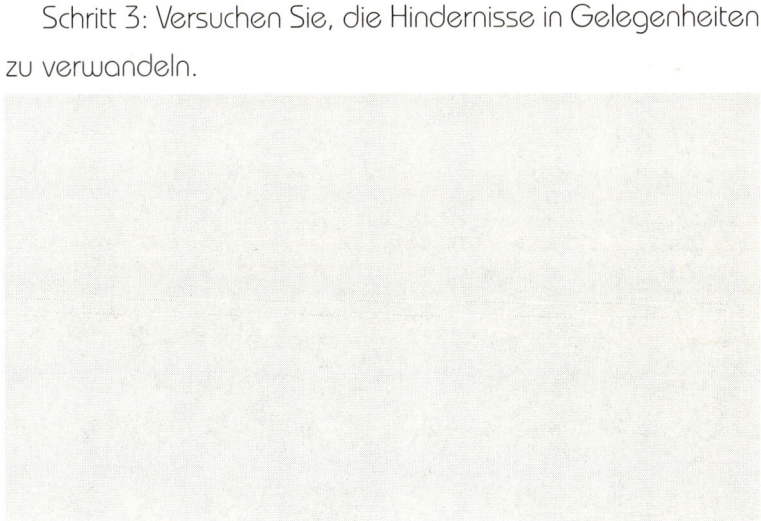

**2. Fragen Sie sich, was Sie tun würden, wenn Sie alle Zeit und alles Geld der Welt hätten.** Wenn Sie dann noch das gleiche machen würden, was Sie gegenwärtig tun, dann sind Sie bereits auf dem richtigen Weg, denn Sie machen das, was Sie tun, mit Begeisterung. Wenn Sie lieber etwas anderes tun würden, fragen Sie sich selbst: Auf welche Weise kann ich das, was ich gerne machen möchte, jetzt schon tun? Wie kann ich anfangen, das Leben zu leben, das ich idealerweise leben möchte?

143

Was ich tun würde, wenn ich alle Zeit und alles Geld der Welt hätte:

Was kann ich jetzt schon tun? Was kann ich tun, damit ich diesem Ziel näherkomme? Formulieren Sie konkrete Maßnahmen.

**3. Werden Sie sich so oft, wie es Ihnen nur möglich ist, des inneren Zwiegesprächs bewußt.** Vom Leben bekommen Sie genau das, was Sie von ihm erwarten. Mit jedem Wort, das Sie denken und aussprechen, formen Sie Ihre Rolle im Schauspiel des Lebens selbst – es liegt also ganz bei Ihnen, sich eine bessere Rolle zu schreiben.

Sammeln Sie Wörter, die zu der Rolle gehören sollen, die Sie wirklich spielen möchten:

Versuchen Sie nach und nach in Ihrem inneren Zwiegespräch, die alten Wörter durch die neuen zu ersetzen.

4. **Wiederholen Sie für sich in entspanntem Zustand folgende Affirmationen oder Formeln für Erfolg:**

- Ich bin einzigartig. Ich habe etwas zu bieten.
- Es ist mein Recht und meine Pflicht, ich selbst zu sein.
- Ich bin dabei, erfolgreich zu werden. Erfolg und Wohlstand sind mir willkommen.
- Ich ziehe die Menschen und Situationen an, die es mir ermöglichen, meine Begabung einzusetzen.
- Jeden Tag geht es mir in jeder Hinsicht besser und besser.

Haben Sie eigene Ideen für Affirmationen? Dann notieren Sie sie:

**5. Bitten Sie Ihr Unterbewußtsein Ihnen nachts dabei zu helfen zu entdecken, wie Sie rundum erfolgreich werden können,** alles Geld, das Sie wollen, verdienen können und der Menschheit und der Erde dienen können. Schlafen Sie in dem Bewußtsein ein, daß die Antwort bereits in Ihnen liegt und daß Sie bereits bekommen haben, wonach Sie gefragt haben. Die unbegrenzte Macht Ihres Unterbewußtseins arbeitet unablässig, Tag und Nacht, für Sie, sobald Sie sie in die für Sie richtige Richtung geleitet haben.

# Kapitel 6

## Die Magie der Ziele

*Ich beschloß als erstes, soviel Geld zu verdienen, daß mich
nichts davon abhalten würde, etwas zu Ende zu bringen.*
William P. Lear, Lear Jet Inc.

Haben wir erst unsere wahre Leidenschaft entdeckt, das
Gebiet, auf dem wir erfolgreich sein wollen, können wir uns
darauf konzentrieren, unsere Pläne in die Tat umzusetzen.
Manche der besten Pläne sind die einfachsten. Thomas Peters und Robert Waterman stellen das Paradox der Schlichtheit in *Auf der Suche nach Spitzenleistungen* dar:

*Viele der heutigen Manager – mit Universitätsabschlüssen
oder ähnlichem – sind möglicherweise schlauer, als gut für sie ist.
Es sind die Schlauen, die ihre Richtung dauernd ändern, immer
entsprechend den jüngsten Wirtschaftsmeldungen. Sie sind es, die
mit Leichtigkeit mit Modellen in hundert Varianten spielen und*

*komplizierte Leistungssteigerungssysteme entwerfen, komplexe Matrixstrukturen einrichten und 200 Seiten lange Strategiepläne haben sowie 500 Seiten Unterlagen über die Markterfordernisse, wenn es nur um den ersten Schritt bei der Produktentwicklungsarbeit geht.*

*Unsere „dümmeren" Freunde sind anders. Ihnen will es einfach nicht in den Kopf gehen, warum nicht jeder Kunde personalisierte Dienstleistungen angeboten bekommen kann, selbst wenn es nur um den Verkauf von Kartoffelchips geht. Sie fühlen sich persönlich betroffen ... wenn eine Flasche Bier sauer wird. Sie können nicht begreifen, warum es geschehen kann, daß neue Produkte nicht immer auf den Markt kommen oder warum es nicht funktionieren können soll, daß ein Arbeiter alle paar Wochen einen Vorschlag zur Verbesserung der Arbeitsroutine einbringen kann. Sehr schlichte Naturen, diese Jungs, wirklich; ja man könnte sagen, simpel. Und ja, simpel hat einen negativen Unterton. Aber die Menschen, die außergewöhnliche Firmen führen, denken eben einfach geradeaus und nicht in Umwegen.*

Um davon überzeugt sein zu können, daß wir soviel Geld verdienen können, wie wir wollen, um an unsere Träume glauben zu können, und um Menschen mit negativer Einstellung nicht so ernst zu nehmen, brauchen wir eine ordentliche Dosis Naivität und Einfachheit. Menschen, die zu verstandesgesteuert oder intelligent sind, können Erfolg haben, aber ihre Intelligenz kann dem Höhenflug ihres Erfolgs Grenzen setzen, wenn sie auf irgendeine Weise das weite Feld ihrer Träume einschränkt.

## Setzen Sie sich ein klares Ziel

Menschen, die keinen Erfolg haben, haben häufig keine genau definierten Ziele. Jegliche Zielsetzung, die sie verfolgen, ist auf einer eher niedrigen Bedürfnisebene angesiedelt, und sie haben meist nur mittelmäßigen Erfolg oder erleiden Fehlschläge.

Manche fangen nicht einmal an, sich Ziele zu setzen, wegen des extrem negativ belasteten Zwiegesprächs, daß sie in ihrem Unterbewußtsein mit sich selbst führen. Fast alle erfolgreichen Menschen fingen an, ihre Träume dadurch in die Wirklichkeit zu holen, daß sie sich klare Ziele setzten und Zeitpläne aufstellten, wann sie sie erreicht haben wollten. (Es kann wohl Ausnahmen von dieser Regel geben – aber im Augenblick fällt uns niemand ein.)

Setzen Sie sich also ein genau festgelegtes Ziel mit einem bestimmten Einkommensbetrag und machen Sie einen Zeitplan, innerhalb dessen Sie es erreichen wollen. Sie werden feststellen, daß dies einen wichtigen Unterschied ausmacht zwischen jenen, die Erfolg haben, und jenen, die keinen haben. *Wir erreichen, was wir beabsichtigen zu erreichen, nicht weniger und nicht mehr.*

Es gibt eine in der Wirtschaftsliteratur gern erzählte Geschichte. Sie erzählt von einem Verkäufer, der es niemals schaffte, von seinem Produkt mehr als den Gegenwert von US-\$ 25.000 pro Monat zu verkaufen. Er wurde einem Gebiet zugeteilt, in dem die durchschnittlichen Verkäufe unter diesem Betrag lagen, und es gelang ihm, für US-\$ 25.000 Produkte zu verkaufen – was für dieses Gebiet eine ziemliche Leistung war. Sein Manager versetzte ihn in ein Gebiet, in dem andere Verkäufer weit bessere Ergebnisse erzielten. Sein Ergebnis: US-\$ 25.000 pro Monat. Das Dilemma, dem er sich ausgesetzt sah, war ganz klar in seinen Zielen und seinem Selbstbild begründet. Er glaubte nicht daran, daß er für mehr (oder weniger) als US-$ 25.000 verkaufen könnte, und sein Unterbewußtsein war entsprechend programmiert. Diese Geschichte ist ein gutes Beispiel für die Macht des Unterbewußtseins und die Tatsache, daß wir jedes Ziel erreichen können, das unser Unterbewußtsein für uns setzt.

Waren Ihre eigenen Erfahrungen nicht direkt an Ihre Absichten gekoppelt? Jeder, der nur ein vages, unsicheres Ziel hat – oder gar keines – erhält meist unbestimmte Ergebnisse oder gar keine. Jedoch wird jeder, der ein bestimmtes Ziel festlegt, das von einem genau formulierten Handlungsplan unterstützt wird, es auch erreichen.

Wie kommt das? Die Antwort liegt in unserem Unterbewußtsein: Ein klares Ziel ist der einfachste und wirksamste Weg unser Unterbewußtsein zu programmieren. Sie werden nicht unbedingt härter arbeiten müssen, um dieses Ziel zu erreichen, vielleicht sogar weniger. In der Vergangenheit wurde Erfolg oft mit langen Stunden harter Arbeit gleichgesetzt. Aber Sie werden schnell herausfinden, daß Sie die gewünschten Ergebnisse mit weniger Mühe erreichen, wenn Sie sich mit Ihrem Ziel in Einklang bringen, Ihre negative Einstellung loslassen und sich selbst darauf programmieren, daß Sie Ihre Ziele erreichen. Es ist möglich, weniger zu arbeiten und bessere Ergebnisse zu erzielen. Für viele Menschen ist das Wirklichkeit. Das Geheimnis liegt darin, sich ein klares Ziel zu setzen.

Auch unter den hart arbeitenden und erfolgsausgerichteten Menschen gibt es viele, die kein bestimmtes Ziel verfolgen. Viele Leute sind mit einer leichten Verbesserung ihrer Lebensumstände zufrieden, ohne je über einen bestimmten Betrag nachzudenken oder es zu wagen, für sich einen festzulegen, der eine *wesentliche* Steigerung bedeuten würde und sie damit dem Leben näherbringen würde, das sie *idealerweise* leben wollen.

Was ist Ihr Ziel für das kommende Jahr? Wieviel wollen Sie verdienen? DM 100.000, 250.000, 500.000? Eine Million? Wenn Sie Ihren Lebensstil von Grund auf ändern wollen – übrigens ein völlig berechtigter Wunsch –, überlegen Sie sich, was für ein Ziel Sie sich dazu setzen müssen. Wollen Sie eine strahlendere Zukunft, dann bestimmen Sie Ihre Ziele und legen Sie fest, wieviel Zeit und Kraft Sie für deren Verwirklichung einsetzen können und wollen. Sollten Sie allerdings nur davon träumen, befördert zu werden oder ein phantastisches Stellenangebot zu bekommen, aber kein bestimmtes Ziel haben, dann wird das „Wunder", das Sie erwarten, nicht geschehen. Ihr Selbstwert ist genau so hoch, wie Sie ihn selbst einschätzen.

Für erfolgreiche Menschen ist die nachfolgend beschriebene Erfahrung eine Selbstverständlichkeit: Wenn Sie sich ein klares Ziel gesetzt haben, beginnen Sie umgehend, die nächsten erkennbaren Schritte auf dem Weg zu seiner Verwirklichung zu gehen. Was auch immer das für Schritte sein mögen, sie sind erforderlich, um das Unterbewußtsein davon zu überzeugen, daß wir es mit der Ausrichtung auf dieses Ziel ernst meinen. Und während Sie glauben, noch auf dem Weg zu sein, werden Sie bald feststellen, daß Sie Ihr Ziel schon erreicht haben.

### Sie sind weit mehr wert, als Sie glauben

Die größten Einschränkungen, die sich Menschen auferlegen, erschaffen sie in ihren eigenen Köpfen. Der „Wert" eines Menschen bemißt sich exakt an dem, was er oder sie selbst glaubt, daß er oder sie wert ist, nicht mehr und nicht weniger. Viele unterschätzen sich selbst, auch wenn sie selbstbewußt erscheinen. Diejenigen, die tief in sich das Wissen tragen, daß sie wirklich wertvoll sind, sind eher selten anzutreffen. Die meisten von uns haben einen mehr oder weniger großen Minderwertigkeitskomplex, was dazu führt, daß viele nicht wirklich glauben, daß sie es wert sind, erfolgreich zu sein, von anderen Menschen geschätzt zu werden oder viel Geld zu verdienen.

Die beste Art, seinen Wert zu steigern, ist, das Selbstwertgefühl aufzubauen. Wir haben bereits Techniken vorgestellt, mit denen Sie tiefgreifende Veränderungen herbeiführen können. Einer der besten Wege, dies zu erreichen, ist, sich eine bestimmte Menge Geld als Ziel zu setzen.

### Sich ein bestimmtes Ziel zu setzen, setzt magische Kräfte in Bewegung

Wenn Sie sich das erste Mal einen bestimmten Betrag zum Ziel setzen, bleibt meistens eine gewisse Skepsis, die die Klarheit und Kraft Ihres Strebens beeinträchtigt. Also bleiben Sie mit Ihren ersten Zielen realistisch; wenn Sie dann Ihr erstes Ziel erreicht haben, können Sie sich ein noch höheres setzen. Gestalten Sie dieses *dehnbar*. Diejenigen, die sich zum ersten Mal ein klares Ziel gesetzt haben, sind im allgemeinen überrascht, wenn sie es erreichen und sogar oft noch übertreffen!

Fordern Sie sich selbst heraus, Ihr Ziel zu erreichen. Es ist ein aufregendes Spiel, das einträglichen Gewinn bringt. Vielleicht erreichen Sie Ihr Ziel in sechs Monaten anstatt innerhalb von dem einen Jahr, das Sie sich gegeben haben. Wir wurden oft Zeuge von solchen Geschehnissen. Sich selbst ein bestimmtes Ziel zu setzen, setzt magische Kräfte frei.

### Sie sind sogar unendlich viel mehr wert, als Sie glauben

Das ist keine Übertreibung, sondern entspricht der Wahrheit: Sie sind unendlich viel mehr wert, als Sie glauben. Das einzige Problem dabei ist, daß Ihnen das bisher wahrscheinlich noch niemand gesagt hat. Manche Leute haben vielleicht sogar ihr Bestes versucht, Sie vom Gegenteil zu überzeugen.

Intelligenz, Arbeit, Motivation, Vorstellungskraft, Disziplin und Erfahrung sind natürlich wichtige Bestandteile des Erfolgs – aber wie viele Menschen kennen Sie, die über diese Eigenschaften verfügen und trotzdem keinen Erfolg haben oder nicht das ganze Spektrum ihrer Möglichkeiten nutzen? Vielleicht gilt das Gleiche für Sie. Trotz Ihrer offensichtlichen Fähigkeiten und Bemühungen entzieht sich Ihnen der Erfolg vielleicht unerklärlicherweise immer wieder. Möglicherweise treffen Sie bei der Arbeit oder in anderen Firmen auf Leute, die nicht mit mehr Begabung gesegnet zu sein scheinen als Sie, aber diese bekommen die ersehnte Gehaltserhöhung, die Beförderung und erreichen einen beneidenswerten Grad von Erfolg. Seien Sie sich bitte immer bewußt: *Ihr Selbstbild hat Ihre Ziele bestimmt, die wiederum Ihren Lebensstil bestimmen.*

Überwinden Sie Ihre alten geistigen Blockaden und steigern Sie Ihren Selbstwert, indem Sie Ihre Ziele so hoch wie möglich ansetzen. Für Ihr Unterbewußtsein ist es nicht schwieriger, ein höheres Ziel zu erreichen als ein niedrigeres, und ganz bestimmt ist es vergnüglicher!

Lassen Sie sich völlig von Ihrem Ziel gefangennehmen.

Schreiben Sie es auf, und hängen Sie es an verschiedenen Orten auf, an denen Sie es gut im Blick haben. Bewahren Sie es vor allem stets in Gedanken. Eine der wichtigsten Regeln bei der Steuerung unseres Geistes ist, daß *die Energie dahin geht, wo die Gedanken hingehen.* Wenn Sie immer wieder an Ihr Ziel denken und es zu einer fixen Idee machen, wird all Ihre Energie zusammenfließen, um Sie auf Ihrem Weg zum Erfolg zu unterstützen. Und Dank der unermüdlichen Arbeit Ihres Unterbewußtseins werden Menschen und Umstände sich so fügen, daß Sie Ihr Ziel auf neue und überraschende Art erreichen können.

### Machen Sie Ihr Ziel zur fixen Idee

Ein Ziel ist wie ein Vergrößerungsglas. Es konzentriert Ihre Energie auf Ihr Ziel. Machen Sie aus Ihrem Hauptziel eine fixe Idee. Diese fixe Idee gestattet Ihnen nicht nur, den Energiepegel zu erhöhen und den Grad Ihres Erfolgs zu steigern, sie schützt Sie auch davor, einen schweren Fehler zu begehen – nämlich Ihre Energie zu streuen. Ein festgesetztes Ziel führt Sie unvermeidlich zum Erfolg.

Die Einseitigkeit einer fixen Idee ermöglicht es Ihnen auch, Ihr Berufs- und Privatleben klarer zu steuern, und das mit weniger Anstrengung. Alles, was Sie näher zu Ihrem Ziel führt, sollte unterstützt werden. Und Sie sollten all das loslasssen, das Ihre Entfernung dazu vergrößert. Wie sollen Sie wissen, ob Sie etwas Ihrem Ziel näherbringt oder Sie davon entfernt? Ihre Intuition wird es Ihnen auf die ihr eigene Weise mitteilen: als unterschwelliges Gefühl, Bemerkung eines Freundes oder Partners, Satz in einem Buch oder Artikel, in denen sich Ihre persönliche Wahrheit offenbaren kann.

Bitten Sie sich selbst um Führung, und Sie werden sie erhalten. Gestalten Sie klare Ziele, und Sie werden Sie erreichen.

# Arbeitsteil zu Kapitel 6

1. **Nehmen Sie ein Stück Papier und schreiben Sie auf, wieviel Sie im nächsten Jahr verdienen möchten.** Wenn Sie fertig sind, überlegen Sie bitte folgendes: Als Sie Ihr Ziel bestimmt haben, gründeten Sie es auf Ihr gegenwärtiges Selbstbild. Haben Sie DM 80.000 aufgeschrieben? Wenn Sie das getan haben, dann war es genau so viel, wie Sie dachten, daß Sie wert seien. Und Sie haben recht: Sie sind genau so viel wert, wie Sie glauben, daß Sie wert sind. Und wenn Sie sagen können, Sie sind DM 160.000 oder 400.000 oder eine Million wert, dann werden Sie genau so viel wert sein. Sie sind so viel wert, wie Sie glauben, daß Sie wert sind. Und dennoch ist Ihr Unterbewußtsein grenzenlos, und dementsprechend sind auch Ihre Möglichkeiten unbegrenzt. Deshalb ist es wahr, daß Sie viel mehr wert sind, als Sie im Augenblick vielleicht glauben können.

Soviel möchte ich im nächsten Jahr verdienen:

**2. Verdoppeln Sie den Betrag, den Sie einen Moment zuvor niedergeschrieben haben.** Prüfen Sie Ihre Reaktion. Wenn Sie zuerst DM 100.000 aufgeschrieben haben, warum haben Sie nicht mit DM 200.000 angefangen? Wie fühlen Sie sich bei diesem höheren Zielbetrag? Glauben Sie, er ist viel zu weit hergeholt? Glauben Sie, daß DM 200.000 viel Geld ist? Zu viel? Viele Menschen würden Ihnen nicht zustimmen. Jedes Jahr werden Tausende von Menschen Millionäre und Millionen Menschen haben Jahreseinkommen, die DM 200.000 weit übersteigen. Sie hatten von sich selbst ein so positives Bild, daß Sie ein solches Einkommen anstrebten und sich aufmachten, es sich zu erschaffen

Verdoppelter Betrag:

Wie fühlen Sie sich dabei? Bei den Gefühlen, die jetzt hochkommen, haben Sie einen geeigneten Ansatzpunkt, Ihre inneren Überzeugungen zu bearbeiten.

alte Überzeugung                    ersetzte ich durch

3. **Trotz allem, was wir gerade eben gesagt haben, setzen Sie sich für das erste Jahr kein übertrieben unrealistisches Ziel.** Gehen Sie Schritt für Schritt vor, aber werden Sie allmählich ehrgeizig. Wenn Sie ein hohes Ziel angepeilt haben und es fast erreichten, haben Sie immer noch ein zufriedenstellendes Ergebnis erzielt. Aber wenn Ihr Ziel niedrig angesetzt war, und Sie es nur mit Mühe erreichten, werden Sie wahrscheinlich enttäuscht sein und nur kleine Fortschritte gemacht haben.

Bestimmen Sie ein Ziel, das Sie auf Hochtouren laufen läßt, und Ihr Unterbewußtsein herausfordert, aber setzen Sie es nicht so hoch an, daß es völlig unerreichbar scheint. Auch wenn der Vorgang der Zielbestimmung konkret ist und vollständig über den Verstand läuft, ist es am wichtigsten, das Unterbewußtsein davon zu überzeugen, daß Sie für dieses Ziel bereit sind. Sie werden wissen, wann Sie bereit sind, es wird sich dann richtig anfühlen; wie eine Herausforderung, die anzunehmen Sie kaum erwarten können. Dann wird Ihnen die Welt genau das geben, um das Sie sie bitten – nicht mehr und nicht weniger.

Welches Ziel/Einkommen ist für mich hoch genug angesetzt und trotzdem realistisch, fühlt sich stimmig an?

# Kapitel 7

## Pläne schmieden

*Ich glaube, daß die Entscheidung, seine Bemühungen zu konzentrieren, äußerst wichtig ist, nicht nur in den frühen Tagen eines Unternehmens, sondern auch später noch.*
DAVID PACKARD, Hewlett-Packard

Der wichtigste Schritt auf Ihrem Weg zum Erfolg ist die Vorbereitung eines schrittweisen Aktionsplans, so daß Ihre Absicht ein stabiles Fundament bekommt, bewußt und unbewußt. Was sich dann tatsächlich ergibt, kann von Ihrem Plan ziemlich weit abweichen – in der Tat ist es wahrscheinlich, daß es sich ganz anders entwickelt –, aber Sie werden das Ziel dennoch erreichen, und zwar bald, nachdem Ihre Absicht feststeht und nicht mehr schwankt.

Manche Stellen werden finanziell leider nie sehr lohnend sein; wenn Geld für Sie ganz einfach nicht wichtig ist, um so besser. Aber wenn Sie finanzielle Sicherheit suchen und die Mittel, Ihre Träume zu verwirklichen, wechseln Sie den Job, wenn erforderlich. Suchen Sie sich eine Stelle in einem Bereich, der mit Ihrer Leidenschaft, Ihren Talenten und Fähigkeiten übereinstimmt und Ihnen außerdem noch ein gutes Gehalt bietet. Oder machen Sie sich selbständig – wenn nötig, in Ihrer Freizeit.

Kein menschliches Wesen ist unfehlbar, auch der erfahrenste Geschäftsmann nicht. Nur diejenigen, die nichts tun, können keine Fehler machen. Auch wenn Sie zeitweilig Rückschläge erleiden mögen, werden Sie Ihre Ziele dennoch erreichen, vorausgesetzt Ihr Unterbewußtsein ist entsprechend positiv programmiert. Das ist die Kraft, die einem Ziel innewohnt, bei dem ein bestimmter Betrag und ein Aktionsplan mit Terminen festgelegt wurden.

**Bereiten Sie einen schrittweise unterteilten Aktionsplan vor, um Ihre Absicht zu festigen**

Ein schrittweise unterteilter Aktionsplan überzeugt Ihr Unterbewußtsein, daß Ihr Verlangen, Ihr Traum, Ihr Wunschdenken zur Absicht geworden ist. Sie beabsichtigen, dieses Ziel zu erreichen und diese Situation in Ihrem Leben zu erschaffen. Der Beweis für Ihre Absicht ist Ihr Stufenplan. Ist es erst einmal überzeugt, schreitet Ihr Unterbewußtsein zur Tat. Sie erschaffen genau das, was Sie zu schaffen beabsichtigen – nicht weniger und nicht mehr.

Ihren Aktionsplan umzusetzen kann bedeuten, Risiken einzugehen, die durchaus einen persönlichen Sicherheitsverlust zur Folge haben können, insbesondere wenn es das erste Mal ist, daß Sie sich ein Ziel gesetzt haben und einen klar umrissenen Aktionsplan aufgestellt haben. Fast jede Änderung – sogar eine Änderung zum Guten – erzeugt eine gewisse Besorgnis. Das Sicherheitsbedürfnis vieler Menschen ist so groß, daß sie bereit sind, ihre Träume dafür zu opfern. Haben Sie keine Angst weiterzugehen. Sie werden es nie bereuen. Wir kennen niemanden, der es jemals bereut hätte, ein Risiko eingegangen zu sein, wenn es ein Schritt hin zur Verwirklichung eines Traums war.

Wir empfehlen, nicht mehr als zwei Ziele auf einmal innerhalb eines Lebensbereichs zu bestimmen. Zu viele Ziele zu verfolgen zerstreut Ihre Konzentration und schwächt gleichzeitig Ihre Arbeitsleistung. Doch Ziele in verschiedenen Lebensbereichen wie Beruf, Privatleben, Gesundheit parallel zu verfolgen, also z.B. Ihre zwischenmenschlichen Beziehungen zu verbessern und den nächsten Entwurf Ihrer Diplomarbeit oder Ihres Buchs zu beenden, ist vorteilhaft; jede Verbesserung im einen Bereich wirkt sich auf die anderen Bereiche positiv aus.

Eine andere, sehr wirkungsvolle Maßnahme ist, sich Ziele für die Zukunft zu setzen, also ein Jahr, fünf Jahre, zehn, 25 oder sogar fünfzig Jahre vorauszuplanen. Wo wollen Sie sein, wenn Sie sechzig sind? Was für eine Art Mensch wären Sie gern, wenn Sie achtzig sind? Wie sieht es mit Ihrer Gesundheit und Fitness aus? Wollen Sie Kinder haben? Was wollen Sie erreicht haben? *Setzen Sie sich keine Grenzen.* Nehmen Sie ein Blatt Papier, und bereiten Sie einen Stufenplan vor.

Wir kennen einige, die sich einen Stufenplan für etwas gemacht haben, ihn beiseite gelegt haben, ihn vergaßen und dann später entdeckten, daß sie ihren Plan umgesetzt hatten, ohne auch nur bewußt daran gedacht zu haben! Natürlich befürworten wir dieses Vorgehen nicht – wir empfehlen, wie Sie wissen, ein gesundes Maß an gesprochener und gedanklicher Wiederholung Ihrer Ziele –, aber wir haben oft gesehen, wie es trotzdem geschah.

## Sie sind der Architekt Ihrer Welt – wie möchten Sie Ihr Leben gestalten?

Lassen Sie jetzt einmal Ihre gegenwärtige Lage, Ihre früheren Fehler, Ihre Vergangenheit außer acht. Vergessen Sie auch Ihr Alter. Viele sechzig oder siebzig Jahre alte Menschen wissen, daß das Beste noch vor ihnen liegt. Wir können unser Leben in jedem Alter üppig und erfüllt gestalten. Oft werden die Träume, die wir nähren, leichter wahr, als wir erwarten – egal, wie alt wir sind oder wie unsere Gegenwart aussieht.

Wenn Sie sich selbst in einer idealen Zukunft sehen können, wenn Sie wissen, was Sie für den Rest Ihres Lebens gerne tun möchten, dann gewinnen Ihre kurzfristigen Ziele an Klarheit und Bedeutung. Sie haben einen Grund, jeden Morgen aufzustehen und die Schritte zu tun, die Sie der Erfüllung näherbringen. Sie haben den Kurs Ihres Lebens festgelegt. Sie sind zum Visionär geworden.

Sein Leben auf diese Weise zu sehen – sich den idealen Schauplatz vorzustellen – kann Ihre Zukunft erschaffen, denn durch positives Träumen und kreative Visualisierung programmieren Sie Ihr Unterbewußtsein. Sie überfluten es mit Bildern, die wahrscheinlich wahr werden. Sie entwerfen den Bauplan. Sie sind wirklich der Architekt Ihres Lebens. Ihre Blaupausen sind Ihre Ziele und der ideale Schauplatz Ihres Lebens in der Zukunft.

Ihre langfristigen Ziele bestimmen nicht nur Ihr Lebensideal, sie helfen vor allem dabei, es zu *erschaffen*. Sie machen es Ihnen einfacher, wenn Sie eine Wahl treffen müssen, die Ihnen unter anderen Umständen schwerfiele oder sogar nebensächlich oder absurd erschiene. Wenn Sie nicht wissen, was Sie mit Ihrem Leben anfangen möchten, ist es manchmal schwer, auch nur die unbedeutendste Alltagsentscheidung zu fällen. Sie erscheint nicht als Teil eines größeren Plans, der Ihren Gedanken und Handlungen Bedeutung verleiht.

Einen Lebensplan zu verfassen, regt uns an, treibt uns vorwärts und trägt zu unserem Erfolg in allen Lebenslagen bei. Denken Sie jedoch daran, hinsichtlich der Zukunft beweglich zu bleiben, da zum Leben auch eine unablässige Anpassung gehört. Was Sie in fünf oder zehn Jahren tun werden, muß nicht notwendigerweise das sein, was Sie im Augenblick erwarten – es kann nämlich viel besser sein, als was Sie sich jemals erträumt haben.

Wenn unser Geist positiv programmiert ist, dann sind die Umstände, die sich ergeben, immer besser als unsere früheren. Jeden Tag geht es uns in jeder Hinsicht immer besser. Während wir uns entwickeln, verwirklichen wir immer mehr unserer Möglichkeiten, und unsere Pläne werden kühner, ehrgeiziger und umfassender. Oft lassen wir einige unserer anfänglichen Pläne auf dem Wege fallen, meistens weil wir „zu klein gedacht" haben. Unser Selbstbild entfaltet sich auf die gleiche Weise. Schließlich schreiten wir stetig weiter in Richtung größerer Selbsterfüllung – und persönlichen Reichtums, wenn das eines unserer Ziele ist.

Planen Sie jetzt sorgfältig Ihr Hauptziel für das kommende Jahr – bleiben Sie dabei beweglich genug, um unvorhergesehene Gelegenheiten zu ergreifen, die sich sehr wohl einstellen können. Sie werden ein klares Bild haben von der

Arbeit und den Anstrengungen, die Sie in jedes Ihrer Ziele investieren müssen. Teilen Sie Ihr Jahresziel in Monate auf und dann in Wochen. Eine sorgfältige Planung beugt eventuellen Sorgen und Verzögerungen vor und sorgt dafür, daß Sie sich Ihrem Ziel unaufhaltsam nähern.

## Charakter ist gleich Schicksal

Es ist natürlich wichtig, sich ein Ziel zu setzen – es ist notwendig für jeden, der sich wünscht, erfolgreich zu sein –, aber sich Tag für Tag an sein Ziel heranzuarbeiten, erfordert auch Disziplin. Und die beste Disziplin ist die, die wir uns selbst auferlegen. Der griechische Philosoph Heraklit sagte: „Charakter ist gleich Schicksal." Wenn wir all die Menschen um uns anschauen, wissen wir, daß diese Regel von allgemeiner Gültigkeit ist. Die meisten erfolgreichen Frauen und Männer haben einen starken Charakter und sind sehr diszipliniert, jeder auf seine Weise. Ohne eine gewisse Charakterstärke ist es schwierig, erfolgreich zu werden. Um unser Leben zu meistern und unser Schicksal in die eigenen Hände zu nehmen, brauchen wir Disziplin.

174

Mit Disziplin meinen wir keine starren Zeitpläne, die Phantasie und Entspannung ausschließen. Und ganz bestimmt meinen wir damit keine „Arbeitssucht". Disziplin bedeutet auch, unserem Körper genügend Zeit zum Ruhen, zum Trainieren und für eine ausgewogene Ernährung zuzugestehen, sich ausreichend Zeit für Vergnügen, zum Alleinsein, und um unseren familiären Verpflichtungen nachzukommen, einzuräumen.

Wenn Sie sich überarbeiten, führt das selten zu guten Leistungen. Sich über zuviel Arbeit zu beklagen, ist heutzutage weit verbreitet – und da viele Menschen nicht einmal ein Zehntel ihrer Möglichkeiten nutzen, sind sie zwar überarbeitet, scheinen aber oft nicht viel zu erreichen. Sie arbeiten zu hart und trotzdem fehlt es ihnen an Disziplin. Sie haben es versäumt, sich die Gewohnheiten und Überzeugungen zu eigen zu machen, die zum Erfolg führen.

### Erfolg ist eine Gewohnheit

Disziplin und eine positive geistige Programmierung führen wie von selbst dazu, daß wir unsere eigenen Organisationsmethoden entwickeln, unsere eigenen Arbeitsrhythmen und -muster entdecken, und formen die Gewohnheiten, die zum Erfolg führen. Man kann Versagen und Mittelmäßigkeit durchaus als eine Art „Gewohnheit" betrachten. Indem wir eine Gewohnheit durch eine andere ersetzen, wird uns die neue bald zur zweiten Natur. Der Erfolg fühlt sich dann unwiderstehlich angezogen.

Der Englische Schriftsteller William Makepeace Thakeray hat es meisterhaft zusammengefaßt: *„Säe einen Gedanken, und du erntest eine Handlung; säe eine Handlung, und du erntest eine Gewohnheit; säe eine Gewohnheit, und du erntest einen Charakter; säe einen Charakter, und du erntest ein Schicksal."* Diese Worte haben die Kraft, den Lauf unseres Lebens zu ändern.

## Arbeitsteil zu Kapitel 7

1. **Nehmen Sie ein Blatt Papier und schreiben Sie auf, was Sie mit Ihrem Leben anfangen wollen.** Fügen Sie soviel Einzelheiten hinzu wie möglich. Was für eine Arbeit würden Sie gerne machen? Wieviel Geld möchten Sie gerne verdienen? In zehn Jahren? In 25 Jahren? Was für eine Art Haus hätten Sie gerne? Wird Reisen ein Teil Ihres Lebens sein? Wo werden Sie Ihre Ferien verbringen? Schreiben Sie dies alles so detailliert wie möglich auf.

Der Bauplan meines Lebens

• Wunschziel/ Langfristige Ziele (25-50 Jahre)

177

• Mittelfristige Ziele (5 – 10 Jahre)

• Kurzfristige Ziele (1 bis 2 Jahre)

2. **Bestimmen Sie das Ziel für das nächste Jahr.** Wenn Sie erst einmal das Ziel für das kommende Jahr klar vor Augen haben, formulieren Sie einen Stufenplan, um es zu erreichen. Schreiben Sie die Dinge, die Sie auf dem Weg dorthin erfüllen müssen, der Reihe nach auf. Legen Sie ein Datum für jeden Schritt fest und merken Sie sich die Termine. Und rechnen Sie mit ein paar wahrhaft wundersamen Ergebnissen.

Jahresziel/e (Beruf, Privatleben, Gesundheit etc.)

Stufenplan mit Etappenzielen und Terminen:

(Tabelle mit Ziel, Termin, Erreicht, Datum)

# Zusammenfassung

*Nichts auf der Welt kann die Beharrlichkeit ersetzen.*
*Begabung kann es nicht:*
*Nichts ist weiter verbreitet als erfolglose Menschen mit Begabung.*
*Genie kann es nicht:*
*Unerkanntes Genie ist schon fast sprichwörtlich.*
*Ausbildung kann es nicht:*
*Die Welt ist voll von Taugenichtsen mit Ausbildung.*
*Beharrlichkeit und Entschlossenheit allein sind allmächtig.*
THOMAS WATSON, Gründer von IBM

Es gibt kein „Geheimnis des Erfolgs". Fast allen erfolgreichen Menschen macht es Freude, das, was sie auf ihrem Weg lernten, mit denjenigen zu teilen, die sich dafür interessieren. Uns hat es auf jeden Fall Spaß gemacht, dieses Buch zu schreiben und Ihnen so klar, wie wir konnten, nicht über die Geheimnisse, sondern über die Techniken, Praktiken und das Wissen sowie die grundsätzlichen Wahrheiten, die für unseren Erfolg maßgeblich waren, zu berichten. Das Buch ist kurz, aber lassen Sie sich davon nicht beirren: Es sind

keine Wälzer notwendig, um die mächtigen Grundpfeiler
des Erfolgs zu beschreiben.

Wir können sie sogar noch kürzer zusammenfassen:

• Stellen Sie sich das Leben vor, das Sie gerne führen würden, und entscheiden Sie sich – formulieren Sie eine Absicht –, loszugehen und es sich zu holen.

• Entdecken Sie, was Ihnen Freude macht, und machen Sie
es zu Ihrer *Berufung*. Machen Sie Ihren Beruf zur Berufung.

• Widmen Sie Ihre Energie, Ihre Lebenskraft Ihrer Berufung; die Freude und Erfüllung, die Sie dafür bekommen, erzeugen noch mehr Energie.

• Sie müssen wissen, was Sie wollen; setzen Sie sich klare
Ziele mit Zeitplänen zu ihrer Erfüllung. Machen Sie aus
Ihren Wünschen Absichten, und gehen Sie die ersten
Schritte auf dem Weg zu ihrer Verwirklichung.

• Entdecken Sie, wie Sie eine klare Absicht – ein einzelnes, genau bestimmtes Ziel – mit Distanz verbinden können. Lassen Sie Ihren Erfolg sich entfalten und wachsen in seinem eigenen Rhythmus, in seiner eigenen Zeit. Setzen Sie sich klare Ziele, klammern Sie sich jedoch nicht an Ergebnisse. Formulieren Sie klare Ziele für die Zukunft, aber leben Sie voll und ganz in der Gegenwart, genießen Sie den Augenblick.

* Verwandeln Sie Hindernisse und vergangene Fehlschläge in inneren Antrieb zum Erfolg. Ihre Fehler haben Ihnen die Ausbildung vermittelt, die Sie benötigen, um unbegrenzten Erfolg in Ihr Leben zu bringen.

* Werden Sie auf Ihrem Gebiet zur Kapazität. Streben Sie stets danach, Ihr Können und Wissen zu vervollständigen. Man hört nie auf zu lernen.

* Finden Sie Möglichkeiten, wo andere nur Schwierigkeiten oder unüberwindliche Hindernisse sehen. Lassen Sie Ihre Vorstellungskraft auf Hochtouren laufen. Die Welt ist voll von unendlichen Möglichkeiten!

- Entdecken Sie Ihren eigenen Arbeitsrhythmus, mit dem Sie sich wohlfühlen, Ihre eigene Form der Disziplin.

- Seien Sie beharrlich. Der einzige wirkliche Fehler ist aufzugeben.

- Geben Sie etwas zurück und bezeugen Sie damit Ihren Dank. Spenden Sie mindestens zehn Prozent Ihres Einkommens – und eventuell viel mehr, je reicher Sie werden. Je mehr Sie weggeben, desto mehr bekommen Sie. Das ist eine Gesetzmäßigkeit. Sie haben die Macht, eine Menge Gutes in der Welt zu tun für eine Vielzahl von Menschen.

- Leben Sie das Leben, das Sie leben wollen. Jetzt. Erinnern Sie sich ständig daran, daß Ihr Leben jeden Tag in jeder Hinsicht immer besser wird.

Eileen Caddy, Mitbegründerin der Findhorn Gemeinde in Schottland, hat es wunderschön formuliert: „Das Geheimnis, etwas in Ihrem Leben dazu zu bringen, daß es funktioniert, ist, vor allem anderen, das tiefe Verlangen, es dazu zu bringen, daß es funktioniert, dann der Glaube und die Überzeugung, daß es funktionieren kann, und dann mit Ihrem Bewußtsein an dieser klaren, bestimmten Vision festzuhalten und zuzuschauen, wie es funktioniert." Das bringt alles genau auf den Punkt.

Sie haben nun alle Mittel zur Hand. Jetzt liegt es an Ihnen, Sie zu nutzen.

185

# Literaturhinweise

**In Deutsch erhältlich:**

Deepak Chopra, Die sieben geistigen Gesetze des Erfolgs, München, 1996

Mark McCormack, Was Sie an der Harvard Business School nicht lernen, (vergriffen)

Stephen R. Covey, Die sieben Wege zur Effektivität, Frankfurt/Main, 1995

Shakti Gawain, Stell Dir vor. Kreativ Visualisieren, Berlin, 1986

Shakti Gawain, Leben im Licht, München, 1987

Willis Harman, Bewußt-Sein im Wandel, Freiburg/ Br., 1989

Napoleon Hill, Denke nach und werde reich, CH-Kreuzlingen, 1996

Kazuo Inamori, Erfolg aus Leidenschaft, A-Wien, 1996

Peter M. Senge, Die fünfte Disziplin. Kunst und Praxis der lernenden Organisation, Stuttgart

Thomas J. Peters / Robert Waterman, Auf der Suche nach Spitzenleistungen, CH-Zürich 1993

**Nur in Englisch erhältlich:**

Nancy Anderson, Work with Passion: How to do what you love for a living, (New World Library 1995)

James Allen, As You Think, (New World Library 1991)

Marc Allen, Visionary Business: An Entrepreneur's Guide to Success, (New World Library 1995)

Sam Walton, Made in America: My Story, (Bantam Books 1993)

# Platz für Ihre Notizen

Platz für Ihre Notizen

## Platz für Ihre Notizen

# Platz für Ihre Notizen

Das Buch zum Arbeitsbuch:

Mark Fisher
**Der alte Mann
und das Geheimnis der Rose**
303 Seiten
144 x 190 mm, gebunden
DM 29,80/ SFR 28,50/ ÖS 218,–
ISBN 3-930944-22-7

Jedes Zeitalter braucht seine eigenen Märchen, die eine zeit-
lose Wahrheit vermitteln. Die schlichten Weisheiten, die Mark
Fisher bereits in seinem ersten Buch in eingängige Worte zu
packen wußte, finden in diesem Werk nun ihre praktische
Umsetzung. Es finden sich darin zahlreiche Denkanstöße, wie
wir unser Leben gestalten müssen, damit wir es meistern
und in all seiner Fülle genießen können. Mark Fisher beschreibt
in einer spannenden Geschichte wie wir lernen können,

- unsere größten Ziele zu entdecken und definieren,
- den Geheimnissen unseres Herzens zu lauschen,
- unsere eigenen Fähigkeiten zu erkennen,
- uns zu konzentrieren, damit wir wirklich Erfolg haben,
- groß zu denken und was das heißt.

**Denn alles ist möglich,
für jeden von uns,
jetzt und hier
in diesem Leben!**